Deutsch mit Olli 4

Lesebuch

erarbeitet von
Simone Eutebach, Sylvia Gredig,
Andrea Sperr, Brigitte Umkehr

mit Illustrationen von
Adja Schwietring, Petra Eimer

Cornelsen

Inhaltsverzeichnis

LEICHT BASIS PLUS Medienkompetenz

Gedichte

Gedichte sind besonders schön, wenn sie vorgetragen werden.

Gedichte werden lebendig, wenn du sie hörbar machst. Gestalte deinen Gedichtvortrag: Du kannst einzelne Wörter betonen, Wörter leise oder laut, schnell oder langsam, hoch oder tief sprechen, Pausen machen, Zeit zum Nachdenken lassen, mit Wörtern spielen.

Es ist ein ziemlich großer Unterschied, ob du eine Tonne **um**fährst oder ob du sie um**fährst**. Oder ob du ein Zimmer mit **Meer**blick oder **mehr** Blick hast.

Hier kommt es auf die Betonung an!

In manchen Gedichten gibt es Fantasiewörter. Wie klingen sie? Woran erinnern sie dich? Überlege dir, wie du sie sprechen willst.

In diesem Kapitel kannst du sogar ein Gedicht gurgeln.

Wenn in Gedichten Wörter verändert sind, kannst du sie trotzdem verstehen und ihnen einen Sinn geben. Wie ist ein wöser Bolf, der mit den Knähnen zirscht? Sprich es so, dass man es hört!

Lange Gedichte, die eine Geschichte erzählen, heißen **Balladen**. Oft erzählen Balladen von einem Ereignis, das unerklärlich und geheimnisvoll ist.

In diesem Kapitel findest du eine Ballade und andere Gedichte – kurze und lange, lustige und nachdenkliche, gereimte und ungereimte. Welche gefallen dir am besten?

Einige Gedichte in deinem Lesebuch haben Gerald Jatzek, Ute Wegmann und Michael Ende geschrieben.

Gerald Jatzek spielt gerne Gitarre und auch mit Sprache. Seine Gedichte werden am besten laut vorgetragen – oder gegurgelt.

Ute Wegmann schreibt Gedichte, Geschichten und Drehbücher. Gedichte liebt sie genauso wie Eis. Sie hat sogar ein Eis-Gedicht geschrieben.

Michael Ende lebt zwar nicht mehr, aber seine Balladen, Gedichte und Geschichten sind heute noch bekannt und beliebt. Kennst du auch eine?

Von 1 bis 10

Der 1atz auf dem 2rad ist 3fach lästig,
wenn 4beiner dabei im 5eck springen.
Da ist es besser, mit dem 6achser durchs 7gebirge zu fahren
und gut 8 zu geben, 9malklugen nicht auf die 10 zu treten.

Christa Holtei

Kätroppchen und der wöse Bolf

Kätroppchen gung dirch
den wanklen Duld.

Schla dich der wöse Bolf berhei,
er zirschte dit men Knähnen.

Der Honuld daß fras Kätroppchen
mit Haat und Haur.

Wund eil die sa westorben gar,
lum drebt nie sicht hehr meute.

Mathias Jeschke

LPHBTSCHS

s ist in Buchstab abhandn!
Kinr wiß, wo r ist.
Di ganz Sprach ght zuschandn
bi solchrli Mist.

Bld ist er d,
fehlt schon ein ndrer.
Heißt es lso: geh
und such ihn, rmer Wndrer!

Fndet er desen
Verlert er den enen.
So st es mmer be hm gewesen:
mmer st er auf senen Benen.

Jens Sparschuh

Ob wir …

Ob wir Meerschweinchen oder mehr Schweinchen haben,
ob wir Meerkatzen oder mehr Katzen möchten,
ob wir Meersterne oder mehr Sterne suchen,
kommt ganz auf die Betonung an.

Gerda Anger-Schmidt

Gurgl Murgl Rogl

Gurgl murgl rogl momm
pfzzta schlabba gurgl schlibb
schlabba schlibba schlommogromm
gurgl murgl schlibba glibb

So ergreifend – gurgl – und
schön klingt – schlabba – ein Gedicht,
wenn man es mit einem Mund
voll mit Zahnputzwasser spricht.

Gerald Jatzek

Matschkakatze

matschkakatze
katzenfratzen
klatschkakatze
patschkapatschen
matschkamatsche
katzenklatschen
watschkawatsche

(Zungenbrecher-Klatschspiel,
matschka = Katze, kroatisch: mačka) ◈

Andrea Karimé

Redensarten

die Ohren spitzen
jemandem sein Ohr leihen
ein Donnerwetter zu hören kriegen
das Gras wachsen hören
Flöhe husten hören
ganz Ohr sein

Christa Holtei

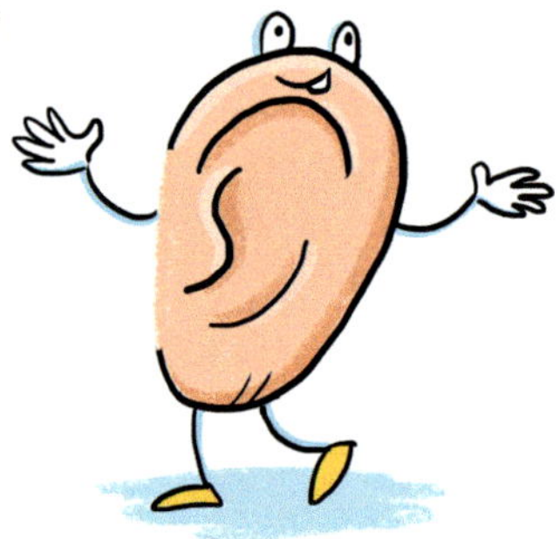

Glaubst du das?

Wenn dir einer erzählt, dass du
mit ihm Flöhe stehlen kannst
oder er die Pferde husten hört,
und du das glaubst,
dann hast du zwar nicht
den Bären im Sack gekauft,
aber dir eine Katze aufbinden lassen!

Sprich Wörter mal anders

Heile mit Weile.
Morgenstund' hat Kakao im Mund.
Von nichts kommt viel.
Eigenlob riecht gut.
Übermut tut selten gut, Untermut noch weniger.
Alte Liebe postet nicht.
Aller Anfang ist mehr.
Wer im Glashaus sitzt, sollte Blumen pflanzen.
Ein Glück kommt selten allein.
Was Hänschen nicht lernt, lernt Hans immer mehr.
Man soll den Tag auch vor dem Abend loben.

Lena Raubaum

Trifft man auf dem Schulweg

... ein Schwein,

schläft man
in der ersten Stunde ein.

... eine weiße Katze,

kriegen alle Lehrer eine Glatze.

... ein Krokodil,

kriegt man gratis ein Eis am Stiel.

... einen Floh,

muss man zu Hause gleich aufs Klo.

... einen Elefanten,

besuchen einen abends
alle Verwandten.

... einen blauen Raben,

wird man schöne Ferien haben.

Heinz Janisch

Baum sein. Manchmal möchte ich tauschen.
Baum sein. Einer von vielen im Wald.
Grün sein. Blätter haben und rauschen.
Stark sein. Riese werden und alt.

Frantz Wittkamp

Waldspaziergang

Ich hätte dir
Zweige mitbringen können
Blätter in allen Farben
Pilze oder Beeren
einen dicken Ast, vermoost
eine Handvoll Tannennadeln.

Nicht aber
das Zwitschern der Grünfinken
das Spechtklopfen
Mäuserascheln
Blätterrauschen
das Fallen der Eicheln
das Knirschen der Steine
unter meinen Schuhen.

Nicht
den Geruch von Waldboden
von alten und älteren Blättern.

Nicht
die Zufriedenheit.

Ute Wegmann

Die Ballade vom Seiltänzer Felix Fliegenbeil

Es war ein Tänzer auf dem Seil
mit Namen Felix Fliegenbeil,
der größte aller Zeiten,
das kann man nicht bestreiten.
Ihm lag nicht viel an Gut und Geld,
nichts an der Menge Gunst,
ihm ging's nicht um den Ruhm der Welt,
ihm ging es um die Kunst.

Schon in der Seiltanzschule war
er bald der Beste in der Schar,
und als ein Jahr vorüber,
war er dem Lehrer über.
Da sagte der in mildem Ton:
„Du Wunderkind, ade!
Ich kann dich nichts mehr lehren, Sohn,
drum geh mit Gott – doch geh!"

So zog er in die Welt hinaus,
wohin er kam, erscholl Applaus.
Die ganze Welt bereist' er
und suchte seinen Meister.
Doch keiner tanzte so genial
die Sprünge des Balletts
hoch droben auf dem Seil aus Stahl
und immer ohne Netz!

Da er den Meister nirgends fand,
beschloss er endlich kurzerhand,
statt andre zu begeistern,
sich selber zu bemeistern.
„Mein Tanz“, sprach Felix Fliegenbeil,
„ist noch kein Meisterstück.
Zwar kann ich alles auf dem Seil,
doch ist das Seil zu dick!“

Drum spannte er von Haus zu Haus
nur einen Draht anstatt des Taus
und übte drauf zu springen.
Das sollte bald gelingen.
Dann nahm er einen dünnern Draht
und einen dünnsten noch –
es dauerte zwei Jahre grad,
dann konnte er's jedoch.

Und schließlich kam das siebte Jahr,
da tanzte er auf einem Haar,
gespannt von Turm zu Turme,
dort schritt er hin im Sturme.
Das Publikum sah schweigend zu
und hielt die Hüte fest.
Dann aber kam der letzte Clou,
der sich kaum glauben lässt:

Denn eines Tages um acht Uhr früh,
da spannte er nichts mehr zwischen sie:
Er tanzte auf der Leere,
als ob dort etwas wäre!
Hoch überm Abgrund ging er zwar
mit leichtem Tänzerschritt,
doch weil er ohne Halt nun war,
nahm ihn ein Windstoß mit.

Wer weiß, wohin der Wind ihn trieb?
Ein Astronom allein beschrieb,
was er im Fernrohr schaute
im Sternbild Argonaute:
Es sei, sprach er, gewiss kein Traum.
Er habe ihn gesehn,
von Stern zu Stern im Himmelsraum
wie einen Tänzer gehn!

Es war der Tänzer ohne Seil
mit Namen Felix Fliegenbeil,
der größte aller Zeiten,
das wird man nicht bestreiten.
Ihm lag nichts an Gut und Geld,
nichts an der Menge Gunst,
ihm ging's nicht um den Ruhm der Welt
ihm ging es um die Kunst!

Michael Ende

Der Herbst kommt über uns

Auf leisen Sohlen
schleichen Wind
und Herbst heran
wie Katzen.
Die Felder, die
sind schlecht rasiert,
die Bäume tragen
Glatzen.
Der Nebel verschluckt
die halbe Welt
und wird doch
niemals platzen,
die Sonne schweigt,
ihr Mund ist still,
es tschilpen nur
die Spatzen.

Horst Samson

Schirmgespenster

Kinder, guckt mal aus dem Fenster,
da gibt's was zum Amüsieren!
Lauter Regenschirmgespenster
gehn am hellen Tag spazieren.

Gummimäntel auf zwei Beinen
und ein Schirm anstatt Gesicht.
Auch Galoschen. Aber einen
Kopf, den ha'm sie alle nicht.

Mascha Kaléko

Das braust und pfeift

Kommt leicht daher und doch voll Kraft,
mit der er tausend Meilen schafft.
Wie wunderlich: Man sieht ihn nicht!
Und wo die Blätter ihm begegnen,
leise sie zur Erde regnen.
Stößt er auf ein kleines Kind,
dann niest es, und die Rotze rinnt.

Lin Yin

Wind

Blätter-Zupfer
Flaggen-Flattrer
Hüte-Rupfer
Äste-Wrestler

Meer-Aufwühler
Wellen-Hetzer
Gischt-Verwirbler
Segel-Fetzer

Türen-Knaller
Fenster-Berster
Häuser-Rüttler
Friedens-Schüttler

Wind

Leaf-stealer
Flag-flapper
Hat-snatcher
Branch-snapper

Sea-stirrer
Wave-whipper
Surf-raiser
Sail-ripper

Door-slammer
Window-batterer
House-shaker
Peace-shatterer

John Foster

Advent ist

anfangen
aufbrechen
staunen
teilen
singen
überraschen
hoffen
erwarten
einfach tun
gedulden
zuhören
Zeit haben
still sein
wachsen lassen
lächeln
finden

Antonie Schneider

Einnachten, Zweinachten.
Deinnachten, Meinnachten.
Schöner als Keinnachten.
Nur nicht Alleinnachten!
Bald schon Vorbeinachten.
Fröhliche Weihnachten!

Frantz Wittkamp

Neujahrsnacht

Diese Nacht ist ein Fluss.
Mein Bett ist ein Kahn.
Vom alten Jahr stoße ich ab.
Am neuen lege ich an.
Morgen spring ich an Land.
Dies Land, was ist's für ein Ort?
Es ist keiner, der's weiß.
Keiner war vor mir dort.

Josef Guggenmos

Der erste Schnee –
fällt so sacht und zergeht,
fällt so sacht …

Rodoula Pappa

White Sound

When rain
whispers
it is snow.

Julie O'Callaghan

kalte jahreszeit cool finden

sie purzeln herab wie kleine schafslocken
worauf warten: rein in dicke stricksocken
pah! wen können minusgrade schocken
rausglitschen – winteranfang rocken

sie purzeln herab wie kleine schafslocken
schlittenfahren: was wird das bocken
schneeengelspielen und schmelzflocken
auf die ausgestreckte zunge locken
drum: niemals hängen lassen
wie ein glibberwesen
glück verlangt geduld – hilft alles nix!

Nils Mohl

Arbeitsheft LEICHT | BASIS, Seite 13
Arbeitsheft BASIS | PLUS, Seite 12 und Seite 13

hasengrau

Osterwind, von Osten lau
Krokusse im Morgentau
Wiesen, Felder hasengrau

Ute Wegmann

Wenn die Hasen

Wenn die Hasen
auf dem Rasen
springen
wenn Libellen
die ganz schnellen
singen
wenn die Tauben
Stöckchen rauben
gurren
und die Katzen
mit den Tatzen
schnurren
wenn am Montag
schon der Sonntag
scheint
wenn Mariechen
hinfällt und nicht
weint
wenn die Leute
nicht nur heute
lachen
wenn die Dichter
neue Reime
machen
wenn die Kinder
wieder auf der Straße
spielen
und mit Bällen
auf die Hauswand
zielen
dann ist klar
und wahr
gewiss
dass in dieser
Woche Frühling
ist

Jutta Richter

Frühling im Park

Die kahlen Bäume ergrünen im Nu,
die Kinder spielen im Gras Blinde Kuh,
die Liebespaare nehmen stark zu.
In den Park ist der Frühling gekommen.

Aus Radios scheppert der neueste Hit,
die Mädchen flanieren mit wiegendem Schritt,
drei Herren mit Bierbäuchen laufen sich fit.
In den Park ist der Frühling gekommen.

Den Omas wird in den Mänteln zu heiß,
die Enkel betteln um grünweißes Eis,
die Hunde rennen rastlos im Kreis.
In den Park ist der Frühling gekommen.

Das raunt und das wispert, das flüstert so sacht,
das gickst und das gackert, das wiehert und lacht,
das spricht und das singt, ja das brüllt voller Macht:
In den Park ist der Frühling gekommen!

Gerald Jatzek

Softeis

Ssssss
so
soft
oft
öfter
öfter Ei
öfter Eis
ssssss

Es sieht gut aus
will hoch hinaus
ist kalt wie Schnee
und leicht wie Fee.

Es tropft nach allen Seiten
deshalb, lecken beizeiten
und wie das schmeckt:
perfekt!

Ich bin im Paradies
beeilen wäre fies
will es voll genießen
Augen schließen.

Nichts kommt mir in die Quere
doch jetzt starr ich ins Leere:
Wo ist es bloß geblieben
mein Softeis Nummer sieben?

Ute Wegmann

Sommertag

Ganz schön
heiß
an der See

Selbst
die Mantelmöwe
fliegt heute im T-Shirt

Michael Augustin

Freibad olé!

Ich bin die Arschbombe
Du bist die Rutschrakete
Er ist kraulfaul
Sie ist springturmspitze
Es ist heiß

Wir schwimmen, springen, hüpfen, lachen
Wir spritzen, machen coole Sachen
Wir rutschen, wir flutschen, wir tauchen
Wir brauchen Abkühlung
Und Pommes

Ihr spielt im Sonnenschirmschatten Karten
Ihr lasst uns in der Buffet-Schlange warten
Ihr tragt komische Hüte
Ihr sagt Stanitzel statt Tüte
Ihr trinkt Krügel nicht Becher
Ihr wachelt mit dem Werbegeschenk-Fächer
Ihr habt Urlaub
Und uns

Und Sie, meine Bademeisterinnen und Bademeister,
haben einen ganz schönen heißen Beruf

Markus Köhle

Arbeitsheft BASIS | PLUS, Seite 15

2 Geschichten

Geschichten sind realistisch oder fantastisch.

In manchen Geschichten ist alles so wie im richtigen Leben, mit echten Häusern, in echten Städten. Die Kinder gehen in die Schule, erleben Abenteuer mit ihren Freunden und streiten mit ihren Geschwistern. Das nennt man **realistisch**.

Diese Mädchen sind zwar erfunden, aber es könnte die beiden so oder so ähnlich in Wirklichkeit geben.

In anderen Geschichten passieren ungewöhnliche Dinge. Sprechende Tiere tauchen auf oder Kinder haben Superkräfte. Es kann auch vorkommen, dass Wesen erscheinen, die es überhaupt nicht gibt. Diese Geschichten nennt man **fantastisch**.

Dass es dieses Schaf gibt, ist eher unwahrscheinlich. Aber es wäre doch fantastisch, oder?!

Alle haben unterschiedliche Vorlieben. Deshalb ist es toll, dass es ganz verschiedene Romane gibt.

An manchen Tagen hast du Lust, ein aufregendes Abenteuer in deinem Lieblingssessel mitzuerleben. An anderen Tagen möchtest du in der Hängematte eine lustige Geschichte lesen.

Wer einmal ein Lieblingsbuch gefunden hat, möchte am liebsten, dass es weitergeht. Wenn es viele Bände einer Geschichte gibt, ist das eine **Buchreihe**. Gut, dass die Autorinnen und Autoren immer wieder so viele Ideen haben.

Die Berlinerin Silke Lambeck denkt sich ganz unterschiedliche Geschichten aus, wie das Abenteuer von Matti und Otto in diesem Kapitel. Die Jungs wohnen auch in Berlin und müssen eine Lösung finden, damit das Freibad in ihrer Nähe nicht geschlossen wird. Silke Lambeck hat früher gerne Kalle Blomquist gelesen, das ist eine Detektivgeschichte von Astrid Lindgren.

Ich bin Jan und stinknormal

Ich bin neun und stinknormal. Allein schon mein Name. Ich heiße Jan. Genau wie mein Vater. Und mein Opa. Aber im Gegensatz zu mir sind sie was Besonderes. Mein Vater kann rennen, schneller als der Wind. Wenn ich mit vier anderen Kindern um die Wette renne, dann werde ich nur Dritter. Mein Opa baut Brücken. Ich dagegen gehe bloß über Brücken. Helena ist meine Schwester. Sie ist ein Rechengenie. Wenn man sie fragt, wie viel achtunddreißig mal siebzehn ist, dann sagt sie wie aus der Pistole geschossen sechshundertsechsundvierzig. Ich bin nicht so schlau. Und ich bin auch nicht dumm. Sogar darin bin ich stinknormal. Meine Mutter spielt Geige. Und wenn sie spielt, verstummen alle. Ihr Spiel ist so schön, dass es die Menschen glücklich macht. Ich bin normal. So normal, das kannst du dir nicht vorstellen. Ich hab die Nase voll. Ab morgen wird alles anders. Ich werde besonders.

„WAS hast du vor?", fragt Nina. Sie ist das Nachbarsmädchen von gegenüber und weiß immer alles besser.

„Einen Weltrekord aufstellen", sage ich.

„Warum das denn?", fragt sie.

„Ich will was Besonderes sein."

Ninas Augen werden größer: „Warum denn das?"

„Nur so."

„Ein Rekord also", sagt sie. „Du musst einen Rekord aufstellen."

„Ja. Nur: Ich kann nichts, überhaupt nichts."

„Unsinn."

Arbeitsheft LEICHT | BASIS, Seite 18

Wir sitzen auf dem Sofa. Der Laptop wackelt auf Ninas Knien.

„Jedes Jahr versuchen 60 000 Menschen, einen Weltrekord neu aufzustellen oder zu brechen“, sagt Nina.

„Wirklich so viele?“

„Hier steht’s schwarz auf weiß.“ Mit der Spitze ihres Zeigefingers tippt sie auf den Bildschirm und sieht mich vielsagend an.

Meine Schultern sind auf einmal schwer wie Blei.

„Das ist viel“, sage ich.

„Und was bedeutet das?“, fragt Nina. „Dass es überhaupt nicht so besonders ist, einen Rekord aufzustellen.“

Ich öffne den Mund, um Widerspruch einzulegen, aber ich sage nichts.

„Willst du immer noch weitermachen?“, fragt sie.

„Ich weiß nicht.“

Sie zieht die Augenbrauen hoch und schaut mich so lange an, bis ich genervt bin.

„Ich glaub schon.“

„Du GLAUBST schon. Du willst also Nummer 60 001 werden und das findest du nicht blöd?“

„Nein, ich finde das nicht blöd“, sage ich. „Ich komme mir nur blöd vor, wenn du so mit mir redest.“

„Dann werde ich dir helfen“, sagt sie. „Das Ganze ist kompliziert, aber womöglich klappt es. Und dann bekommst du eine Urkunde, auf der steht, dass du den Rekord aufgestellt hast.“

Jetzt komme ich mir blöd vor.

„Ich hab echt keine Lust mehr“, sage ich.

„Was hast du gesagt? Die Geige war so laut.“

„Ich hab gesagt: Lass uns anfangen.“ ◇

Kathleen Vereecken

Helsins Spinner

Helsin ist ein überdurchschnittlich fröhliches Mädchen. Sie hat meistens schon beim Aufstehen gute Laune. Allerdings hat Helsin auch viel mehr Energie als andere Menschen. Manchmal allerdings, da kocht die Energie über und spült eine rasende rote Welle in Helsins Körper hoch, und dann sieht und hört und riecht und schmeckt Helsin nichts anderes mehr als FEUERROT. Und das, was dann kommt, das nennen alle nur den „Spinner“.

Meistens wusste Tom genau, wie man es anstellte, keinen Spinner abzukriegen. Wenn man Helsins bester Freund war, war das lebenswichtig.

Doch jetzt nuschelte Tom: „Ich hab ein Geheimnis.“
„Was denn für ein Geheimnis?“, fragte Helsin und die Neugier pikste sie am ganzen Körper.
„Du musst aber versprechen, dass du keinen Spinner kriegst, wenn ich’s dir verrate“, sagte Tom und seine Nasenspitze wurde rot.
„Versprochen“, sagte Helsin und sah ihn fest an.
„Das mit dem Plakat“, gurgelte er extraleise, „das war ich.“

Helsin guckte auf Toms Nasenspitze, die jetzt noch röter geworden war. Ihre eigene Nasenspitze fing an zu zittern. Und innendrin in Helsin, da zitterte es wie bei einem Erdbeben. Helsin sah die zwei Plakathälften wieder vor sich und fühlte sich selber ganz genauso auseinandergerissen.

„Warum hast du das gemacht?“, zischte sie, während das Zittern jetzt von innen nach außen kroch, in ihre Arme, ihre Schultern, ihre Beine.

„Wegen dir und Louis und der supertollen Präsentation und weil du immer nur noch mit Louis geredet hast und nicht mit mir und … Ich weiß auch nicht“, flüsterte Tom.

Helsins Beine sprangen auf. Ihre Augen sprühten Funken, die rote Welle in ihr stieg rasend schnell an wie eine Sturmflut, und sie wartete auf den Spinner, der da kam. Denn Tom hatte ihr Plakat zerstört, Tom, ihr bester Freund! So einen guten Grund für einen Spinner hatte Helsin im ganzen Leben noch nie gehabt!

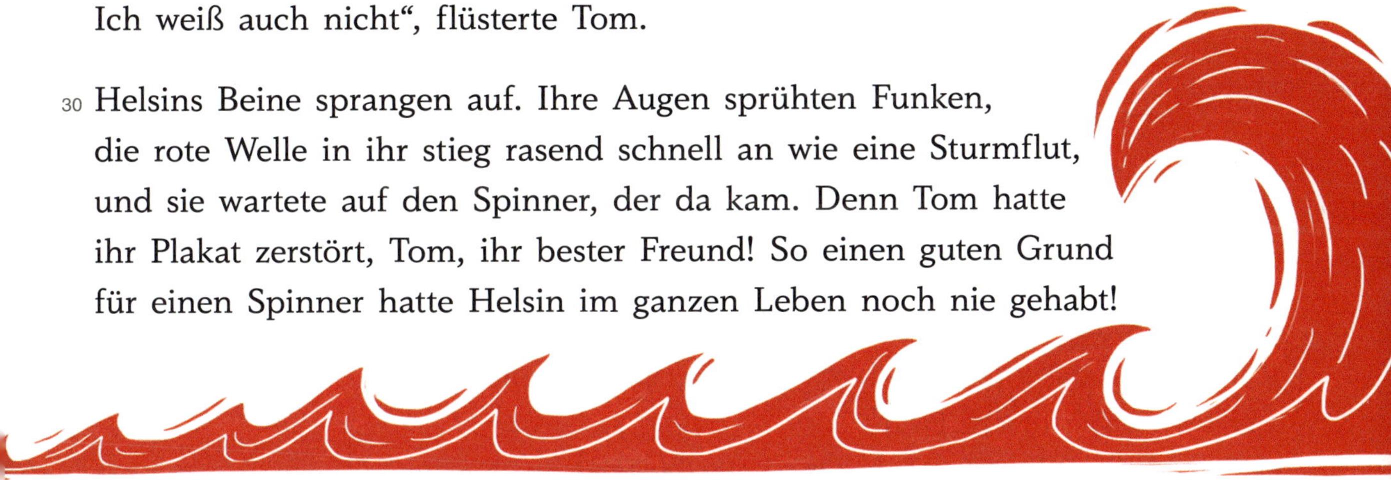

Tom blieb einfach sitzen. „Es tut mir leid“, wisperte er und guckte stumm hoch in Helsins sprühende Augen, fast so, als warte er darauf, dass der Spinner ihn treffen würde!

Vielleicht spürte der Spinner das und bekam Angst. Jedenfalls schlug Helsin nicht um sich. Helsin stand still. Sie starrte zurück in Toms graugrüne Augen. Und hielt die Luft an, eine Sekunde, zwei, drei. Und sie verstand plötzlich zwei Sachen.

Nämlich erstens, wie schrecklich leid Tom das mit dem Plakat tat. Und zweitens, dass es wichtiger war, Tom als Freund zu haben, als ein heiles Plakat. Viel wichtiger. Sie spannte ihren Bauch an. Und da hörten erst ihre Beine auf zu zittern, dann ihre Arme und zuletzt ihre Nasenspitze.

Der Spinner kam nicht.
Verwundert atmete Helsin endlich wieder ein.
Mit einem Mal fühlte sie sich federleicht.
Wie einer von diesen extragroßen Ballons. ◇

Stefanie Höfler

Von Deulen und Potschen

„*Dschin dobry*“, wiederholt Finn.
„Das heißt *guten Tag*“, sagt Jola.
Während sie durch das Dorf laufen, bringt sie Finn ein bisschen Polnisch bei.
„Du musst das r mehr rollen“, korrigiert Jola. „*Dobrrrry.*“
„*Dobrrrrrrry*“, macht Finn.
„*Tak.*“ Jola nickt zufrieden. „*Tak* heißt ja. Und das hier ist der Dorfplatz.“

Vor einem Gebäude am Fuß des Platzes bleibt sie stehen. *Muzeum* steht über dem Eingang. Jola öffnet die Tür und sie gehen hinein. An den Wänden stehen Vitrinen aus Glas, darin sind irgendwelche Urzeit-Sachen.
Im zweiten Raum stehen noch mehr Vitrinen. Sie sind voll mit Pistolen und Gewehren und anderem Kriegsgerät.
„Das sind alles Sachen aus dem Dings ...“, erklärt Jola. Sie schaut auf das kleine Schild und liest den polnischen Text. „Also aus dem Zweiten Weltkrieg. Da hat Deutschland Polen überfallen.“

Finn schaut auf die Waffen in der Vitrine. Eigentlich findet er Pistolen und Gewehre ziemlich interessant. Aber jetzt muss er daran denken, dass mit diesen Waffen wirklich auf echte Menschen geschossen worden ist.
Jola zeigt auf die Erklärtafel an der Wand.
„Der Krieg hat sechs Jahre gedauert. Von 1939 bis 1945. Und hier waren auch viele Kämpfe. Deutsche gegen Polen.“
„Gut, dass wir damals nicht gelebt haben“, sagt Finn.

Es war ein langer Tag.

„Ich bin ganz schön müde“, sagt Finn. Finn kuschelt sich in die Decke.

„Licht aus?“, fragt Jola. Finn nickt. Jola knipst die Lampe aus. Finn schaut in den sternklaren Nachthimmel draußen vor dem Fenster.

„Alles o. k.?“, fragt Jola nach einer Weile. „Du bist so still.“

„Ich denke nur nach.“

„Worüber denn?“

„Über den Krieg und so ...“, sagt Finn.

Jola strampelt die Decke weg. „Wenn wir damals gelebt hätten, dann wären wir Feinde gewesen. Stell dir vor, dann hätten wir vielleicht aufeinander geschossen.“

Finn nickt. „Und nur, weil du Polin gewesen wärst und ich Deutscher.“

Jola streckt ihre Füße in die Luft und wackelt mit den Zehen. „Ich mag Polen, aber ich bin auch froh, dass ich in Deutschland lebe.“

„Und warum?“, fragt Finn.

Jola überlegt. „Zum Beispiel, weil es da einfach bessere Pizza gibt.“

„Aber Pizza ist gar nicht deutsch, sondern italienisch“, sagt Finn.

„Ich bin ja auch nicht richtig polnisch, sondern irgendwas dazwischen.“

Finn schaut nachdenklich auf Jolas wackelnde Zehen.

„Vielleicht bist du so ’ne Art Potsche.“

„Potsche?“

„Na, eine Mischung. *Po*lin und Deu*tsche*.“

Jola lacht. „Ja, genau. Oder eine Deulin.“

Potsche und Deulen. In Finns Kopf kreisen die Gedanken. Dann gibt es auch noch Franolen und Deuzosen, Britolen, Italiten, Amereutsche und Ghanatsche. So wie Mukthar, der aus Ghana kommt.

Finn gähnt. Jola gähnt auch.

„*Dobranoc*“, sagt sie. ◇

Martin Muser

Wildnis

Es war ein weißer Pfad. Er war lang und gerade, und er löste sich auf, während sie über ihn hinwegfuhren. Der Schlitten war schneller als ein Auto – so fühlte es sich an. Und sie lagen dichter über dem Boden – das konnte man spüren. Sie hörten die Kufen unmittelbar unter sich. Sie hörten, wie sie über das Eis kratzten und glitten.

Sie schauten geradeaus. Auf die Hunde. Die Hunde galoppierten nicht. Sie hoben die Beine nicht an oder warfen sie zurück. Die Hunde trotteten in kleinen Schritten, als hätten sie es nicht besonders eilig. Die Jungen hatten Hunde bei einem Hunderennen am Strand gesehen, wie sie über den Sand jagten, mit hängenden Zungen, die Köpfe in einer Linie mit ihren Rücken. Doch diese Hunde hier waren anders. Was sollten sie auch tun, sie waren vor den Schlitten gespannt. Aber Johnny und Tom wussten: Wären es gewöhnliche Hunde gewesen, hätten sie zu schnell gezogen, sie wären ineinandergelaufen, hätten sich in den Riemen verheddert.

Sie näherten sich einem Hügel. Das waren keine gewöhnlichen Hunde. Sie arbeiteten im Team. Sie mussten mit ihren Kräften haushalten, also hetzten sie nicht. Zu Beginn zerrten sie und machten Tempo, um den Schlitten in Bewegung zu versetzen. Aber dann beruhigten sie sich. Rock, der Anführer, musste sich weder zu ihnen umdrehen noch heulen. Er wurde einfach langsamer und so wurden auch sie langsamer.

Arbeitsheft LEICHT | BASIS, Seite 20

Aber genau das war es: Sie wurden nicht langsamer. Sie rasten irrsinnig schnell dahin. Als Johnny zur Seite sah, erblickte er nur ein verschwommenes, fast beängstigendes Weiß. Dann schaute er wieder geradeaus und die Hunde trotteten bloß vor sich hin, Atemwolken ausstoßend.

Der Hügel war jetzt nahe. Er war nicht besonders hoch. Die Jungen erkannten Aki auf seinem Schneemobil, oben auf dem Hügel. Er winkte sie zu sich. „Kommt schon! Keine Autos!“

Jetzt sahen sie es, die Kuppe des Hügels war eine Straße. Sie fuhren an Aki vorbei und quer darüber hinweg. Die Straße war leer und führte schnurstracks geradeaus. Sie war eine Narbe, die mitten durch den weißen Wald verlief. Es war Tag, aber das Licht war silbern.

Sie lachten. Gleich ging es abwärts. Der Pfad war nicht mehr vorhanden. Es gab einen Pfad, aber der war jetzt sehr schmal und führte nicht mehr geradeaus. Sie waren mitten im Wald und fuhren über tiefen Schnee. Sie umkurvten Felsen und Bäume. Mit jeder Kehre stießen die Jungen unvermeidlich gegeneinander. Sie hingen über den Rand des Schlittens nach draußen. Auch das war unvermeidbar. Die Hunde trotteten immer weiter, als wäre das ganz normal.

Das hier war das Beste, was sie je erlebt hatten. Das dachten sie beide, im selben Moment.

Roddy Doyle

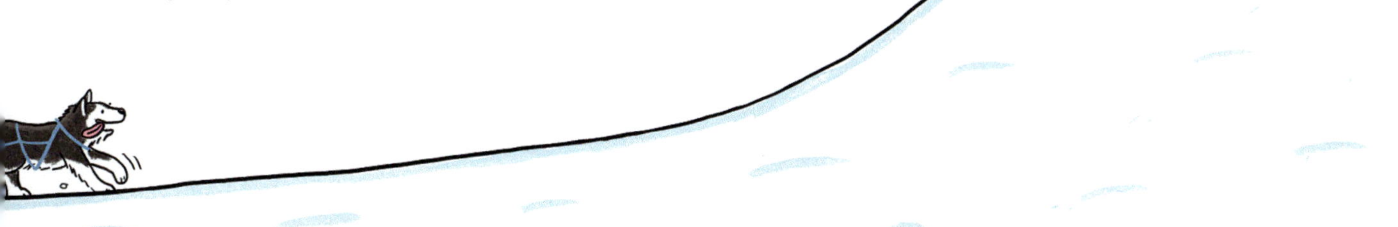

Gar kein Ödland

Das Gaswerk steht seit Jahren leer. *Gefahr – Eintritt verboten* steht auf einem Schild. Großvater hat uns erzählt, dass er sich daran erinnert, wie die Lastkähne die Themse hochkamen, voll mit Kohle, die im Gaswerk verbrannt wurde, um die Stadt mit Gas zu versorgen. Und nun ist das Gelände Ödland. Vor uns breitet sich eine enorme Fläche aus, mit Unkraut überwuchert, von Schienen durchzogen, auf denen alte Güterwagen vor sich hin rosten.

Wir legen unsere Boards auf den Beton. Der Boden ist uneben und selbst aus den kleinsten Ritzen sprießt Unkraut. Aber dort kann uns niemand sehen und wir können machen, was wir wollen, während Connor und Jakub das Gelände erforschen.

Wir stellen Hindernisse auf, bauen uns mit alten Brettern Minirampen und merken nicht, wie die Zeit vergeht, bis die Kleinen auf uns zurennen.

„Wir haben einen furzenden Käfer gefunden!“, ruft Jakub.

Connor bricht in Gelächter aus.

Asha verdreht die Augen: „Was habt ihr da?“

Connor gluckst: „Als Jakub ihn hochheben wollte, hat er gefurzt – kein Witz. Er stinkt!“

Jakub öffnet seine Hände und wir sehen einen kleinen Käfer mit metallisch leuchtenden hellgrünen Flügeln und einem roten Körper. Er bewegt sich so schnell, dass Jakub ihn von einer Hand in die andere krabbeln lassen muss.

„Wir müssen rausfinden, was das für ein Kerl ist."

Asha zieht ihr Smartphone hervor. Sie aktiviert die Sprachfunktion: „Grüner Furzkäfer in London."

„Wirst du so nie finden", sage ich.

Vor Überraschung schnellen ihre Augenbrauen in die Höhe.

„Hier ist er! Echt! Sein Name ist Gestreifter Bombardierkäfer. Hier steht, dass er Gift versprüht und dabei ein furzendes Geräusch macht. Er soll ganz, ganz selten sein."

„Da sind noch massig mehr", sagt Connor. „Wollt ihr sie sehen?"

Wir lassen unsere Skateboards zurück und folgen Jakub und Connor. Jakub hebt einen Stein hoch – und plötzlich krabbeln vielleicht zehn kleine grüne Käfer auf und davon und finden unter anderen Steinen Schutz.

Ich kicke meine Schuhe weg, ziehe die Socken aus, drücke meine Füße in die Erde und spüre Wärme. Das fühlt sich gut an. Über uns schwebt ein Fischreiher mit langsamem und trägem Flügelschlag. Er fliegt mit ausgebreiteten Schwingen und zur Landung gestreckten Beinen hinunter zum Fluss und verschwindet irgendwo hinter dem Schilf. Ein Schwarm kleiner Vögel flattert aufgeregt auf einen breiten Tümpel zu. Schmetterlinge tanzen im Licht der Sonnenstrahlen und kleine Bienen summen von Blüte zu Blüte. Drei Kormorane folgen im Tiefflug dem Lauf des Flusses. Ich beobachte einfach das Treiben. Je mehr ich schaue, desto mehr entdecke ich. Das ist kein Ödland. Das ist eine verborgene Wildnis. ◈

Gill Lewis

Die Mississippi-Bande

Alles begann an dem Nachmittag, an dem wir mit dem Bau des Einbaums fertig wurden. Es war ein wirklich sehr schöner Einbaum. Monatelang hatten wir nach dem richtigen Baum gesucht, bis wir ihn gefunden hatten: Eine große und gerade Zypresse, die in tiefem Wasser wuchs. Wir hatten sie mit einer Axt geschlagen.

Nachdem wir die Zypresse gefällt hatten, haben wir sie innen ausgehöhlt, aber vier bequeme Sitze für uns gelassen. Außen haben wir den Stamm gehobelt und ihn anschließend von vorne bis hinten mit Sand abgeschliffen. Wir haben gerieben und gerieben, bis unsere Hände bluteten.

Den Einbaum zu bauen, hatte Monate gedauert, auch weil wir beschlossen hatten, ihn bei unserer Hütte versteckt zu halten, die ziemlich weit weg von unseren Elternhäusern war. Ich konnte immer nur bei Sonnenuntergang hin oder wenn Mama mir erlaubte, spielen zu gehen. Also praktisch nie.

An dem einen Nachmittag aber hatte ich entschieden, heimlich hinzugehen. Die Hütte hatten ich und die anderen Mitglieder der Bande im vergangenen Sommer gebaut: Julie, Tit, Eddie und ich, Te Trois. Sie stand am Ufer des *Bayou*, eines Flussarms inmitten des riesigen Sumpfes, und war hinter einem Gewirr von Lianen und riesigen Mückenschwärmen versteckt.

Unsere Hütte war nichts Großartiges, nur ein Verschlag mit einem schiefen Dach und einem Lehmfußboden, aber außer uns wusste niemand, dass es diese Hütte gab, und das war das Tolle daran. Man konnte sie mit einem Boot über das Wasser erreichen oder aber über die Wackelbrücke und eine total gefährliche Stelle mit Treibsand, in dem angeblich schon Dutzende von Menschen versunken sind. Auch deshalb liebte ich diesen Ort. Allein schon ihn zu erreichen war ein richtiges Abenteuer.

Jedenfalls kam ich kurz nach der Mittagessenszeit bei der Hütte an und fand dort Julie und Tit vor, die damit beschäftigt waren, unserem Einbaum den letzten Schliff zu geben. Tit saß auf einem Holzklotz und Julie bearbeitete den Bug des Einbaums mit einem Messer. Sie war fast fertig damit, dem Einbaum seinen Namen einzuritzen: *Effrayant*, „der Schreckliche“.

Inzwischen war auch Eddie eingetroffen. Wir machten den Einbaum fertig. Nach ein paar Stunden, kurz vor Sonnenuntergang, war es dann so weit. Er sah wunderschön aus mit seinem schlanken Rumpf und würde schneller sein als die dicken Dampfer.

Wir einigten uns darauf, unser Boot gemeinsam einzuweihen, und schoben es ins Wasser. Ich begann mit langsamen Schlägen zu paddeln, immer darauf bedacht, den kleinen Inseln auszuweichen, von denen es in unserem Teil des Bayou jede Menge gab.

An diesem Tag war es so heiß wie in einem Backofen und feucht noch dazu und die Sonne versteckte sich hinter dem Laub der Bäume und warf Schattenfetzen und Lichtflecken auf den Sumpf hinunter. Ich paddelte, bis unsere Hütte irgendwo hinter uns verschwunden war. Dann befestigte ich meinen speziellen Köderfisch an der Angelrute. Ich warf die Angel aus, machte es mir bequem und wartete darauf, dass etwas anbiss. Plötzlich zog etwas an der Angelschnur und beinahe wäre die Angel aus dem Einbaum gefallen. Am Haken hing kein Fisch, sondern eine schlammige, durchlöcherte Dose.

„Es ist nur eine Tomatensuppendose, schmeiß sie weg!“, meinte Eddie. „Dummkopf, wir können die Dose gut gebrauchen. Wir machen eine Laterne daraus, für unsere Hütte“, widersprach Julie.

Die Dose klirrte. Ich kippte ihren Inhalt auf den Boden des Einbaums. Es kamen Wasser und Schlamm heraus. Und drei Münzen. Drei Dollarmünzen, die blitzten und glänzten.

„Drei Dollar!“, flüsterte Eddie.
„Vergiss es!“, warnte ich ihn. „Ich habe sie geangelt, sie gehören mir.“
„Aber mir gehört die Angelrute.“
„Aber da hängt meine Schnur dran.“
„Und der Einbaum gehört uns allen“, schaltete Julie sich ein.

Wir schwiegen alle und starrten die Münzen an. „Mit einem Dollar kann man schon etwas Schönes kaufen“, stellte Julie fest. „Aber drei Dollar sind ein Vermögen. Ich finde, wir sollten gemeinsam entscheiden, wie wir sie ausgeben wollen.“

Davide Morosinotto

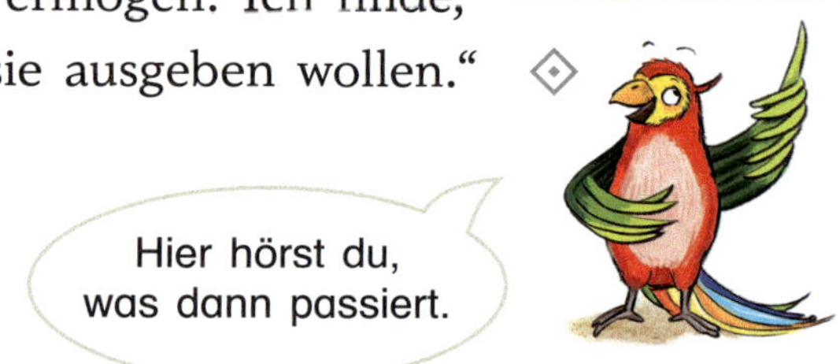

Der Umzug

Wenn ich nicht selbst dabei gewesen wäre, würde ich es nicht glauben. Aber weil ich dabei war, weiß ich, dass es wirklich genauso passiert ist.

Draußen regnet es in Strömen. Und irgendwie regnet es drinnen auch, zumindest ist meine Laune ziemlich verregnet. Ich heiße Ada, ich mag Tiere und habe keine Geschwister. Heute ziehen wir in eine neue Wohnung und ich habe null Komma null Bock dazu.

Unsere alte Wohnung ist wie ein ausgepustetes Ei. Ganz weiß und ordentlich. So habe ich die Wohnung noch nie gesehen. Alles, was ich besitze, ist jetzt in Kisten.

„Los, Ada, beeil dich, der Umzugswagen steht schon draußen“, drängelt Mama.
„Ich mach ja schon.“
Etwas versöhnlicher sagt sie: „Geh schon mal runter, ich komme dann mit dem Rest gleich nach.“

Kurz darauf sitze ich im Möbelwagen und warte. Ich bin immer noch sauer. Warum fragt eigentlich nie jemand, was ich will? Wütend und stachelig wie ein beleidigter Kugelfisch hocke ich auf dem Beifahrersitz. Da fliegt plötzlich die Tür auf und ein Schaf springt auf den Fahrersitz. Ein echtes Schaf mit Wolle und Ohren und Hufen. Aber es sieht nicht wie ein normales Schaf aus. Es hat einen Ring in der Nase und ein punkiges Leopardenmuster ins Fell rasiert. Die Wolle ist so fluffig wie Zuckerwatte.

Das Schaf scheint in Eile zu sein. Als es den Schlüssel entdeckt, der im Zündschloss steckt, fummelt es hektisch daran herum. Mich beachtet es gar nicht. Dann versucht das Schaf, den Motor zu starten. Ich will etwas sagen, aber bringe kein Wort heraus. Erst als der Motor angeht, beginnt mein Gehirn wieder zu arbeiten.

„Ist das eine Entführung?“, frage ich.
Das Schaf sieht mich erst erschrocken, dann verwundert an.
„Das ist unser Umzugswagen. Wenigstens heute. Auf jeden Fall kannst du ihn nicht mitnehmen.“
„Meins, deins, was bedeutet das schon? Unter Freunden hilft man sich doch!“
„Wieso Freunde? Wir kennen uns ja nicht mal.“

Das Schaf streckt mir den Huf entgegen, er ist voller roter Farbe.
„Lilli. Ich muss etwas erledigen und dafür brauche ich den Wagen. Wenn du willst, fahr ich dich vorher zu deiner neuen Wohnung. Dann kannst du schon mal umziehen.“
„Nicht nötig, ich komme mit. Wo fahren wir hin?“
„Zur Hühnerfabrik. Ich muss da was Wichtiges machen. Ein Geheimauftrag sozusagen. Deswegen brauch ich den Laster. Das wird ein Abenteuer!“

Im nächsten Moment quietschen die Reifen, und wir fahren los. Lilli hält zufrieden das Steuerrad mit ihren Hufen, obwohl da gar keine Finger dran sind. Für ein Schaf macht sie das erstaunlich gut. Ihr Grinsen ist so breit, dass die gelben Zähne hervorgucken. Gefährlich scheint sie auf jeden Fall nicht zu sein, höchstens ein bisschen verwegen.

„Wetten, dass ich das erste Schaf mit einem Umzugslaster bin?", sagt sie.

„Mit einem gestohlenen Umzugslaster", korrigiere ich sie.

„Mit einem geliehenen Umzugslaster", korrigiert sie mich zurück.

„Mit unserem geliehenen Umzugslaster", erwidere ich.

„Wie auch immer. Auf jeden Fall das erste Schaf. Wette gewonnen."

Jetzt sehe ich, dass vor uns ein Laster mit tiefgekühlten Hühnchen ist. „Glückliche Hühner vom Hubertushof" steht darauf. Und jemand hat mit roter Farbe ein riesiges Schaf draufgemalt. Mit derselben roten Farbe, die an Lillis Huf klebt.

Als Lilli ganz dicht vor dem Laster ist, sagt sie:

„Halt dich mal fest, sonst fällst du raus."

„Wieso raus ...?" Der Rest bleibt mir im Halse stecken.

Sie gibt noch einmal Gas und rammt den Transporter so heftig, dass dessen Hinterklappe aufspringt und die gesamte Ladung herauspurzelt: unzählige nackte, in Plastik verpackte Brathähnchen plumpsen aus dem Laster.

„Warum hast du das gemacht? Tiefgekühlte Hähnchen befreien, das ist doch völlig bescheuert!", stelle ich Lilli zur Rede.

Lilli ist empört. „Ich finde, jeder hat die Freiheit verdient, ob tiefgefroren oder nicht", sagt sie. ◇

Judith Kleinschmidt

Besondere Talente

Alva hat eine spezielle Fähigkeit und geht deswegen auf ein besonderes Internat: Nebelfels. Alle haben hier außergewöhnliche Talente. Doch Alva wäre am liebsten ganz normal, denn ihre Gabe ist ziemlich anstrengend.

„Was ist dein Talent?“, fragte Jonas, während er andächtig mit dem Finger Krümel von seinem Tablett sammelte.

Alva wurde ganz flau im Magen.

„Ich kann Tiere verstehen“, antwortete sie leise und wartete auf das Lachen.

„Und welche?“, wollte Jonas wissen und steckte sich seinen Finger mit der Krümelausbeute in den Mund.

„Wie, welche?“, fragte Alva und schaute auf. „Ich kann sie alle hören.“

„Wow“, flüsterte Mala und die anderen sahen ebenfalls ehrlich beeindruckt aus.

„Wir haben niemanden an der Schule, der ALLE Tiere versteht“, erklärte Till.

Alva hörte nicht mehr zu, sondern starrte enttäuscht vor sich auf die Tischplatte.

Sie murmelte: „Ich dachte, wenigstens hier wäre ich normal.“

Till musterte sie von der Seite.

Dann sagte er leise: „Normal ist langweilig.“

„Was habt ihr denn für Talente?“, fragte Alva in die Runde.

„Ich beherrsche Wasser“, antwortete Mala.

Darunter konnte sich Alva nun gar nichts vorstellen.

„Was? Wie?“, fragte sie.

Anstelle einer Antwort starrte Mala auf ein Glas Wasser, das vor ihr auf dem Tisch stand. Erst passierte nichts. Alva wollte Mala schon fragen, ob sie etwas verpasst hätte, da erhoben sich einige Tröpfchen aus dem Glas. Sie ruckelten ein bisschen durch die Luft und verdichteten sich zu einer winzigen Wolke, die langsam in Richtung Till schwebte. „Mala, wehe“, zischte der und lehnte sich zurück, so weit es ging. Doch da war es schon zu spät. Das Wölkchen ließ erste Tropfen direkt auf Tills Haar regnen. Fasziniert beobachtete Alva den Minischauer, als Till plötzlich vor ihren Augen verschwand. Überrascht sah Alva zu den anderen hinüber. Dann wieder neben sich, wo sie gerade noch zugeschaut hatte, wie es in Tills Haar regnete.

„Er kann sich unsichtbar machen?“, fragte sie in die Runde. „Nicht ganz, guck genauer auf den Stuhl“, antwortete Jonas grinsend. Alva senkte ihren Blick auf die Sitzfläche des Stuhls. Das konnte doch nicht sein! Da stand Till ... oder eine gaaaaaaanz kleine Ausgabe von ihm. Mini-Till war etwa so groß wie ein Bleistift. Fast hätte sie ihn übersehen. „Er kann sich schrumpfen!“, stellte Alva fest. „Ja, kann ich“, hörte sie Tills Stimme plötzlich neben sich. Ihr Kopf fuhr herum. Er war wieder normal groß.

„Und du?“, fragte Alva und schaute Lenni erwartungsvoll an. „Ich kann nur das“, antwortete Lenni und stieß mit ihren Fingern durch den Tisch. Zuerst glaubte Alva, es wäre ein Trick.

Sie starrte auf Lennis Hand, die bis zu den Fingerknöcheln im Holz des Tisches steckte. Dann beugte sie sich zur Seite, um unter den Tisch zu schauen.
„Wow!“, entfuhr es Alva, als Lennis Finger ihr von unter dem Tisch zuwinkten. „Geht das nur mit Holz?“, fragte sie Lenni, die ihre Hand wieder zurückgezogen hatte.
„Nö, Holz ist aber am leichtesten. Doch irgendwann kann ich mal durch eine Betonwand gehen“, antwortete sie und massierte ihren Daumen.

„Ihr findet das alles hier nicht total verrückt?“ Alva schüttelte den Kopf. Niemand war hier normal! Wie sollte sie es dann werden? „Stört euch euer Talent denn überhaupt nicht?“, fragte sie leise und musterte die anderen. „Möchtet ihr es nicht manchmal loswerden?“
„Niemals! Ich hoffe total, dass ich zu den paar Prozent gehöre, die es ihr Leben lang behalten“, antwortete Mala, ohne auch nur eine Sekunde nachdenken zu müssen.
„Hmm ... mich nervt eigentlich nur, dass ich manchmal unkontrolliert schrumpfe“, sagte Till.
„Und du dann auch tagelang klein bleibst“, ergänzte Mala.
„Ja, aber hier auf Nebelfels muss ich mich dann nicht verstecken. Niemand wundert sich darüber, dass ich nur ein paar Zentimeter groß bin“, erklärte Till.
„Stimmt! Auf diesem Internat ist es viel einfacher, anders zu sein. Hier findet uns keiner MERKWÜRDIG“, stimmte Mala zu. ◇

Text: Silke Schellhammer, Bilder: Simona M. Ceccarelli

Der Tag, an dem ein Pinguin bei uns einzog

Es war ein sonniger Freitag im September und ich kam gerade aus dem Schwimmbad.

„Hallo!“, rief ich und wollte durch die Terrassentür ins Haus gehen. Mama war schon von der Arbeit zurück und hatte es sich in ihrem Liegestuhl an unserem Teich gemütlich gemacht. Ihr Gesicht war hinter einer Zeitschrift verschwunden.

„Hallöchen, Wasserflöhchen!“, rief sie mit seltsam schnarrender Stimme. Huch! Was war denn da passiert? Doch nicht nur die Stimme klang seltsam – bei genauerem Hinsehen fiel mir auf, dass auch ihre Hände komisch wirkten. Hatte sie sich bei diesem Wetter allen Ernstes schwarze Handschuhe angezogen?

„Alles in Ordnung bei dir?“, fragte ich und lugte über den Rand der Zeitschrift.

„Wohaaaaa!“ Erschrocken sprang ich zurück und rutschte mit einem Fuß in den Teich. Ich schrie auf. Derweil ratterte mein Gehirn auf Hochtouren. Hatte ich da gerade richtig gesehen? Nein, das konnte gar nicht sein!

Also, noch mal ganz langsam: Auf dem Liegestuhl lag Mama und ruhte sich von ihren tausend Verpflichtungen aus. Ganz normal! Nur dass sie ... einen dicken weißgelben Bauch hatte. Und schwarze Flossen. Und einen langen Schnabel. Mama hatte sich in einen Pinguin verwandelt!

„Warum bist du denn so schreckhaft?“, fragte Pinguin-Mama.
„Eigentlich finden mich sonst immer alle ganz niedlich.“
Mit einer lässigen Bewegung schob sie ihre Sonnenbrille hoch.
Dann streckte sie mir die Flosse entgegen.
„Ich bin Jolle und wer bist du?“
„Hä?“, machte ich.
„Hä?“, antwortete Pinguin-Mama.
„Das ist ein ungewöhnlicher Name. Gefällt mir!“

Okay, das hier war definitiv nicht meine Mutter.
Ich atmete erleichtert aus. Aber was war das dann?
„Du bist ein Pinguin?“, fragte ich, obwohl das ja offensichtlich war.
„Und du kannst ... sprechen?“ Das musste irgendein Scherz sein, versteckte Kamera oder so etwas.
„Natürlich bin ich ein Pinguin“, antwortete mein gefiedertes Gegenüber. „Das siehst du doch, Hä.“
„Ich heiße nicht Hä“, sagte ich. Ich überlegte, ob ich die noch immer ausgestreckte Flosse jetzt schütteln sollte oder nicht. Ich stand da und wusste nicht, was ich tun sollte.
„Wo ist denn überhaupt meine Mutter?“, fragte ich deshalb erst mal.
„Keine Ahnung, habe keine Mutter gesehen“, sagte der Pinguin.
„Wie sieht sie denn aus? So wie du? Also mit gelbem Gefieder auf dem Kopf?“
Er blickte mich erwartungsvoll an. Ich fasste mir unsicher in die Haare.
„Nein“, antwortete ich. „Sie hat braunes ... Gefieder.“
„Oh, interessant“, gab Jolle zurück und vertiefte sich wieder in die Zeitschrift.

Von der Terrasse ertönte ein lautes Jubeln.
„Ein Pinguin, ich werd verrückt! Das gibt es doch nicht!“
Mama kam wieselflink durch den Garten gelaufen. Ich war froh, sie zu sehen. „Wo hast du den denn her? Der ist ja niedlich. Der sieht so echt aus!“, fuhr Mama fort und stolzierte einmal um den Liegestuhl herum.

Sie tätschelte dem Pinguin den Bauch, woraufhin dieser einen Kreischer ausstieß.

„Aufhören!“, rief er. „Das kitzelt.“

Jetzt sprang Mama zurück, landete zum Glück aber nicht im Teich. Sie sah mich mit großen Augen an.

„Was soll das?“

Ich zuckte nur mit den Schultern. „Frag ihn. Er heißt übrigens Jolle.“

„Och, Leute“, sagte Jolle. „Hätte ich vorher gewusst, dass das hier so ein Tamtam mit euch ist, hätte ich mir ein anderes Plätzchen gesucht.“

„Tut mir leid“, sagte ich. „Hätten wir gewusst, dass heute ein Pinguin vorbeikommt, hätten wir vorher natürlich schnell ein paar Fische geangelt und eine Wanne mit Eiswürfeln bereitgestellt.“

„Dafür ist es noch nicht zu spät“, antwortete der Pinguin.

„Wo kommst du denn her?“, fragte Mama.

„Warum interessiert dich das? Freu dich doch einfach, dass ich hier bin.“

„Öhm“, machte Mama. „Ja, gut. Schön, dass du da bist, Jolle. Wie können wir dir helfen?“

„Ich habe riiiiiesigen Hunger.“

Er deutete mit dem Schnabel Richtung Teich. Mama grübelte. „Vielleicht haben wir noch Fisch im Tiefkühlfach“, sagte sie schließlich. Jolle klatschte begeistert in die Flossen.

„Prima!“, rief er. „Ich merke schon: Bei euch werde ich mich wohlfühlen.“

Ich lachte auf. „Wie meinst du das? Willst du bei uns einziehen oder was?“

Das war natürlich nur ein Scherz.

„Prima“, sagte Jolle. „Da entlang?“

Sein Schnabel zeigte auf die offene Terrassentür.

Text: Katja Frixe, Bilder: Stefanie Jeschke

Bené

Der da bin ich: Bené. Fußball ist für mich das Größte. Bälle begleiten mich überallhin. Ich spiele damit, ich träume davon und meine Familie lebt von ihnen. Das Nähen der Fußbälle ist meine Aufgabe. Jeden Tag sind es vier oder fünf Bälle. Ich bin ein guter Ballmacher. Bei mir werden die Nähte so glatt, dass man sie gar nicht spürt. Mama bügelt die Lederstücke und hängt sie dann auf die Leine. „Jetzt muss das Leder trocknen, damit der Ball hart wird wie ein Schildkrötenpanzer“, sagt sie. Papa verkauft die Bälle. Ich teste alle unsere Bälle. Dazu gehe ich auf die Straße vor unserem Haus. Gibi springt vom Baum und stürzt sich auf meinen Ball. Gibi ist der schlauste *Mico* seiner Bande. Nach der Arbeit spielen wir eine *Pelada* auf der Straße. Ich bin der Einzige, der einen Ball hat, und der schnellste Stürmer. Wir spielen, bis wir den Ball in der Dunkelheit nicht mehr sehen können oder Gibi wild von Ast zu Ast springt. Dann wissen wir, dass ein Gewitter kommt oder eine Schlange in der Nähe ist. Abends lege ich mich in meine *Rede* und träume von einem Trikot und richtigen Fußballschuhen. Aber ich habe ja immer einen guten Ball und viele Freunde, die gerne mit mir spielen. ◇

Rede wird „Hedschi“ ausgesprochen.

Worterklärungen

Micos sind kleine, freche Affen.

Pelada heißt Kicken im brasilianischen Portugiesisch.

Rede bedeutet Netz. Das Wort wird für Tornetz und für Hängematte benutzt.

Text und Bild: Eymard Toledo

Das Blaue Wunder

Um halb vier traf ich mich mit Otto an der Straßenbahn, um ins Schwimmbad zu fahren. Das lag in einem kleinen Park und war schon etwas abgeranzt. Aber der Eintritt kostete nur drei fünfzig und es gab ein riesiges, himmelblaues Schwimmbecken, eine Rutsche und einen Sprungturm. Außerdem natürlich Pommes. Mehr braucht man nicht, finde ich.

In der Straßenbahn war es ziemlich warm. Ich freute mich von Minute zu Minute mehr auf das kühle Wasser, auf das Gefühl, nur eine Badehose zu tragen, und natürlich auf das Eis nach dem Schwimmen. Nach fünf Minuten standen wir vor dem Tor. Mit uns noch ungefähr zehn andere. Alle zusammen lasen wir den Zettel, der an der verschlossenen Eingangstür hing:

Wir standen da und lasen die Nachricht wieder und wieder. „Das kann nicht sein“, sagte ich. „Das gibt es doch schon immer.“ „Für alles ist Geld da“, sagte ein älterer Mann. „Aber die Schwimmbäder machen sie zu.“ „Gibt es denn hier in der Nähe noch ein Schwimmbad?“, fragte Mina. Otto winkte ab. „Das nächste ist ein Spaßbad in Pankow. Aber das ist mindestens eine halbe Stunde weg und kostet sieben Euro Eintritt.“

Wir trotteten langsam durch den Park zurück Richtung Straßenbahn. „Was sollen wir denn jetzt den ganzen Sommer lang machen?“, fragte ich. „Uns fällt schon was ein“, sagte Jasper. „Nee!“ Ich blieb stehen. „Eben gerade nicht. Uns fällt nichts ein. Erinnert ihr euch nicht?“

Jedes Mal, wenn wir letztes Jahr darüber nachgedacht hatten, wo wir hin sollten, fiel uns das Schwimmbad ein. Wenn uns zu heiß war. Wenn wir uns fragten, wo wir uns mit der halben Klasse treffen könnten. Das Schwimmbad war die Antwort.
„Das lassen wir nicht zu“, sagte ich schließlich.
„Was meinst du?“, fragte Otto.
„Was ich sage“, antwortete ich. „Wir machen das nicht mit.“
„Was sollen wir denn sonst machen?“, fragte Otto. „Die Polizei rufen oder so was? Und dann sind wir ja auch Kinder.“
„Und?“, fragte ich. „Haben wir deswegen gar keine Rechte?“

Auf dem Weg zu mir gingen wir bei Hotte vorbei, unserem Lieblingskioskbesitzer. Wir erzählten ihm von dem geschlossenen Schwimmbad.
„Das Blaue Wunder ist zu?!“, rief er. „Das ist ja schrecklich. Ich bin schon als Kind dahin gegangen. Es war eine einzige Pracht!“
Ich dachte an den alten Sprungturm, von dem die Farbe abplatzte, und die abgesprungenen Fliesen in den Duschkabinen, die Rutsche mit der rissigen, blassblauen Leiter.
„Das Blaue Elend trifft es wohl besser“, sagte ich.
Da sagte Otto auf einmal langsam:
„Wir könnten uns für was einsetzen, was uns wichtig ist. Wir machen dieses Jahr kein Geburtstagsfest. Wir machen eine Demonstration.“
„Wie stellst du dir das vor?“
„Wir laden einfach ganz viele Leute zum Geburtstag ein und demonstrieren für das Blaue Wunder.“
Hotte schien von der ganzen Sache noch nicht überzeugt.
„Meint ihr wirklich, dass das irgendjemanden kümmert?“
„Mit irgendwas muss man ja anfangen“, sagte Otto.

Am Montag nach unserem Fest erschien ein großer Artikel mit Fotos im „Berliner Tag“. Otto und ich waren „die mutigen Jungs“, die sich von „Widrigkeiten nicht abschrecken ließen“ und nun sogar Geld sammeln wollten.
Und dann bekamen wir noch eine Nachricht:
Wenn wir die Hälfte des Geldes zusammenkriegten, würde die Stiftung von Micki Kopitzky den Rest bezahlen.

Ein Jahr später: Das Schwimmbad war wieder auf.
Wir kriegten Eis und Pommes für immer umsonst.
Viel besser konnte es in diesem Leben nicht mehr werden. ◇

Silke Lambeck

Malala Yousafzai

Es war einmal ein Mädchen, das hieß Malala und ging begeistert zur Schule. Sie lebte in einem friedlichen Tal in Pakistan. Eines Tages wurde das Tal von Bewaffneten überfallen. Sie nannten sich Taliban und rissen die Macht in der Region an sich. Mit Waffengewalt terrorisierten sie die Menschen. Sie wollten Mädchen verbieten, zur Schule zu gehen, und auch wenn viele Eltern anderer Meinung waren, hielten sie es für sicherer, ihre Töchter im Haus zu behalten.

Malala liebte den Unterricht, fand das Verbot ungerecht und ging weiter zur Schule. Sie schrieb darüber einen Blog im Internet. Eines Tages wurde sie im Fernsehen interviewt und sagte: „Für Frauen bedeutet Bildung Teilhabe an Macht. Doch die Taliban wollen keine mächtigen Frauen, deshalb schließen sie unsere Schulen."

Wenige Tage später fuhr Malala wie immer mit dem Bus zur Schule. Plötzlich stoppten zwei Taliban den Schulbus und brüllten: „Wer von euch ist Malala?"

Als Malalas Freundinnen sie ansahen, zielten die Männer mit ihren Gewehren auf sie und trafen Malala am Kopf. Sie wurde in ein Krankenhaus gebracht und überlebte trotz ihrer schweren Verletzungen.

Tausende Kinder aus aller Welt schickten ihr Genesungswünsche, und Malala wurde schneller wieder gesund, als irgendwer für möglich gehalten hatte.

Arbeitsheft BASIS | PLUS, Seite 27

Malala sagte: „Sie glaubten, die Gewehrkugeln würden uns zum Schweigen bringen, doch da täuschten sie sich. Unsere Bücher und unsere Stifte sind unsere stärksten Waffen. Ein Kind, eine Lehrkraft, ein Buch und ein Stift können die Welt verändern.“

2014 erhielt Malala den Friedensnobelpreis – als jüngster Mensch, seit es den Preis gibt. ◈

Francesca Cavallo und Elena Favilli

Name:	Malala Yousafzai
Geburtstag:	12. Juli 1997
Geburtsland:	Pakistan
Familie:	Mutter Toor Pekai, Vater Ziauddin, zwei jüngere Brüder, Khusdal und Atal
Wohnort:	seit 2012 England

Den Nobelpreis gibt es schon seit über 120 Jahren. Der **Friedensnobelpreis** ist eine ganz besondere Auszeichnung für Menschen, die sich für Frieden und Gerechtigkeit in der Welt einsetzen. Malala Yousafzai war erst 17 Jahre alt, als sie den Preis verliehen bekam. Bis heute setzt Malala sich unermüdlich dafür ein, dass alle Kinder das Recht haben, zur Schule zu gehen, Mädchen und Jungen überall auf der Welt.

3 Sachtexte

Sachtexte informieren und erklären Zusammenhänge.

Sachtexte beschreiben etwas, das du vielleicht noch nicht kennst. Mit Zeichnungen oder Fotos kannst du dir besser vorstellen, wie es aussieht oder funktioniert.

So sieht ein Gehirn aus. Wusstest du, dass du dein Gehirn trainieren kannst?

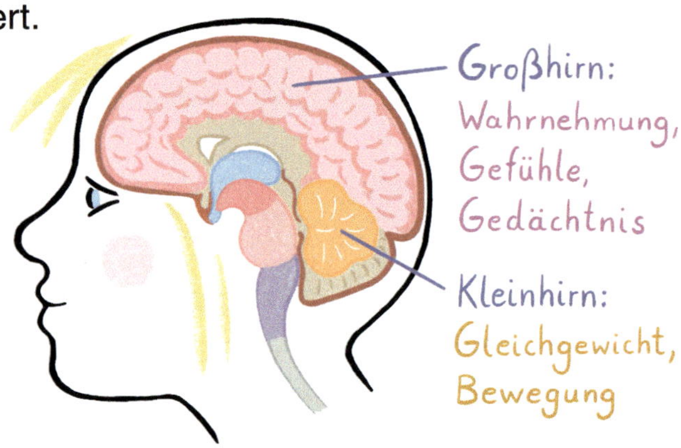

Wer Tiere und Pflanzen genau beobachtet, kann viel daraus lernen. Sachtexte beschreiben, was Tiere und Pflanzen alles können und wie klug es ist, wenn sich Natur und Technik verbinden.

Ein Schaubild, ein Diagramm oder eine Tabelle vermitteln Fakten auf einen Blick.

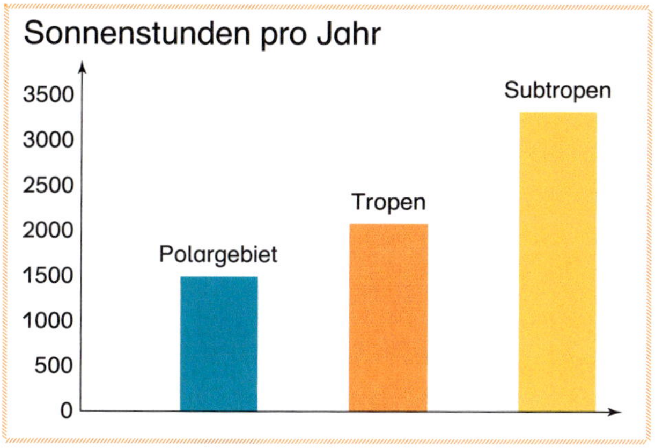

Sachtexte helfen dir, Zusammenhänge zu erkennen.
Du begreifst besser, warum etwas genau so ist und nicht anders.
Nur wer etwas verstanden hat, kann verändern, was nicht gut ist.

Sachtexte klären dich darüber auf, was hinter einer Sache steckt.
Sie helfen dir, nicht einfach alles zu glauben.
Manchmal ist es gut, ganz genau nachzufragen.

So gut ist dein Gedächtnis

Eine tolle Leistung des Gehirns ist das Gedächtnis, also die Fähigkeit, Informationen zu speichern und wieder abrufen zu können. In jedes Gehirn passen etwa 10 000 Gigabyte. Das sind so viele Informationen, wie in einer Bibliothek mit ein paar Tausend Büchern stecken.

Das Gehirn speichert aber nicht alles, sondern wählt nach Wichtigkeit und anderen Regeln aus. Deshalb klappt es selten, dass man sich beim Lernen alles merken kann.

Tarsius syrichta

Das Gehirn kann sich besser Bilder als Wörter merken. Wir können zum Beispiel leichter behalten, wie ein Tarsius syrichta aussieht, als uns seinen Namen zu merken.

Hast du Lust auf einen kleinen Gedächtnistest? Auf der rechten Seite sind 20 Bilder und 20 Wörter. Sieh dir alles 30 Sekunden lang an. Schließ dann kurz die Augen. Leg das Buch zur Seite und hol dir einen Zettel und einen Stift. Versuche nun, dich an möglichst viele Bilder und Wörter zu erinnern, und schreibe oder zeichne sie auf.

Wie viele sind es? Konntest du dir auch nicht alles merken? Und konntest du dich auch an mehr Bilder als Wörter erinnern? Beides ist normal und zeigt, dass dein Gedächtnis gut funktioniert. ◇

Prof. Dr. Michael Madeja

Riese
Turm
Bein
Buch
Computer
Schuh
Wald
Blitz
Rose
Zahl
Sommer
Ampel
Ferien
Schule
Sport
Elefant
Regen
Film
Kopf
Baby

Mnemotechnik

Achtung, komisches Wort: Mnemotechnik. Es kommt aus dem Altgriechischen von *mneme* und *techne* und bedeutet so viel wie Erinnerungskunst oder Gedächtnistraining. Dabei geht es darum, das, was du dir merkst, ins Langzeitgedächtnis zu bringen. Das funktioniert durch Wiederholung. Dadurch, dass du Unbekanntes mit Vertrautem kombinierst. Dass du im Kopf Bilder und Geschichten entstehen lässt, die jeden noch so trockenen Stoff mit Leben füllen.

Ersatzwörter

Diese Technik ist beliebt und bewährt, wenn es darum geht, Fremdsprachen oder Fremdwörter zu lernen. Ein Beispiel: Mäuse heißt auf Englisch *mice*. Das wird „mais“ ausgesprochen. Mäuse fressen Mais, zack, fertig ist die Gedankenstütze. Liest du das nächste Mal das Wort *mice*, wirst du sofort die Bedeutung kennen. Noch ein Beispiel? Käse heißt auf Englisch *cheese*, das klingt wie tschies, also fast wie das „schieß“ in „schieß die Löcher in den Käse“. Fragt dich künftig jemand danach, hast du sofort dieses Bild vor Augen, jede Wette! Wie erfolgreich du mit dieser Technik bist, hängt allein von deiner Fantasie ab. Und davon, wie viele Ersatzwörter dir einfallen.

Geschichten-Trick

Für einzelne Begriffe funktioniert das mit den Ersatzwörtern gut. Aber was, wenn dein Lehrer fragt, woraus Milch besteht? Dann ist der Geschichten-Trick an der Reihe.

Geschichten kann sich unser Gehirn nämlich besser einprägen als eine Liste von Wörtern. Mit dieser Geschichte kannst du dir die Bestandteile von Milch merken:

Ein **fett**er Mops hinterließ **Spuren** im **Wasser**, als er zw**ei** **weiß**e **Lackdose**n öffnete und darin nur **Vitamine** fand.
Ganz klar, die Bestandteile sind:
Fett, Spuren(-elemente), Wasser, Eiweiß, Laktose (= Lackdose), Vitamine

Eselsbrücken

Esel kann man angeblich nur schwer dazu bewegen, ihre Hufe ins Wasser zu setzen. Wer mit seinem Esel unbedingt ans andere Ufer will, muss dem Tier also eine Brücke bauen. Im übertragenen Sinn bedeutet das, aus trockenen Informationen einen Reim zu formen oder einen ulkigen Spruch.
Aber lies selbst (und merke es dir dann).
So wandert die Sonne im Tageslauf über den Himmel:

Im Osten geht die Sonne auf,
im Süden nimmt sie ihren Lauf,
im Westen wird sie untergehn,
im Norden ist sie nie zu sehn.

In dieser Reihenfolge kreisen die acht Planeten unseres Sonnensystems um die Sonne:

Mein Vater Erklärt Mir Jeden Sonntag Unseren Nachthimmel =
Merkur, Venus, Erde, Mars, Jupiter, Saturn, Uranus, Neptun ◇

Martin Verg

Ruhig atmen bei Stress

Es ist spannend zu wissen, wie dein Körper funktioniert. Hättest du gedacht, dass Gehirn und Atmung beeinflussen, wie du dich fühlst?

Deine Lunge nimmt Sauerstoff aus der Luft auf und gibt Kohlenstoffdioxid aus deinem Körper ab. Wenn du aufgeregt bist und schnell atmest, verlierst du mehr Kohlenstoffdioxid. Dadurch kannst du dich angespannt fühlen. Ein paar tiefe Atemzüge helfen, ruhiger zu werden. Das Gehirn erfährt dadurch, dass alles in Ordnung ist und keine Gefahr besteht.

Der **präfrontale Kortex** ist die weise Eule des Gehirns. Diesen Teil brauchst du, um Dinge zu durchdenken und Entscheidungen zu treffen. Wenn du ruhig bist, hat dieser Teil die Kontrolle. Du atmest normal.

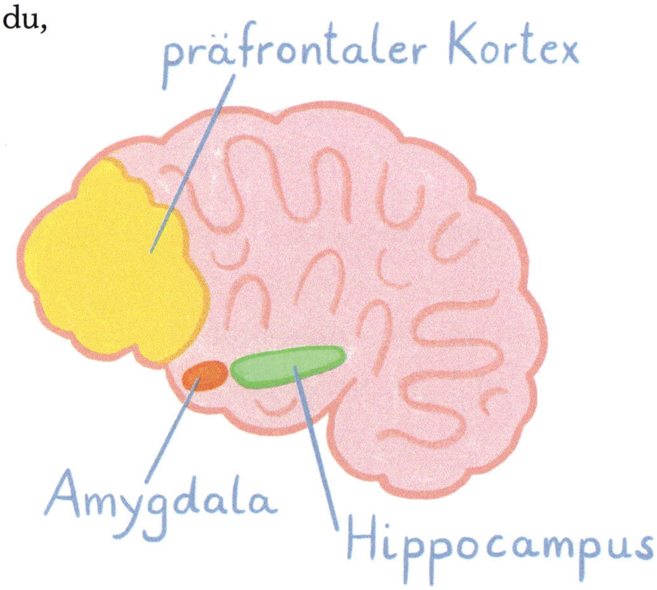

Die **Amygdala** ist der Wachhund des Gehirns. Sie achtet immer auf Gefahren. Wenn du dir Sorgen machst, sorgt sie dafür, dass du schneller atmest und dass dein Herz schneller schlägt.

Der **Hippocampus** ist das Notizbuch des Gehirns. Er hilft, Erinnerungen zu ordnen. Erinnerungen sind oft mit Gefühlen verbunden. Starke Gefühle wie Angst können auch in der Amygdala gespeichert werden. Darum reagiert unser Körper auf manche Erinnerungen besonders stark.

Die Teile deines Gehirns haben verschiedene Aufgaben. Bei Stress bereitet die Amygdala den Körper auf Flucht oder Kampf vor. Das ist gut, wenn dich ein Bär verfolgt, aber sinnlos vor einer Klassenarbeit. Atme mehrmals langsam ein und aus, damit die Amygdala sich beruhigt und der präfrontale Kortex wieder die Kontrolle übernimmt. ◈

Wynne Kinder

Berg-und-Tal-Atmung

Bei dieser Übung passen die Bewegungen genau zu deinen Atemzügen. Das hilft dir dabei ruhiger zu werden. Wichtig ist aber, dass du dir Zeit lässt.

1. Lege deinen Zeigefinger an die Seite deines Daumens. Fahre beim Einatmen mit dem Zeigefinger bis an die Daumenspitze. Beim Ausatmen fährst du langsam an der anderen Seite herunter.
2. Atme ein und aus. Fahre dabei hintereinander an allen Fingern auf und ab. ◈

Wynne Kinder

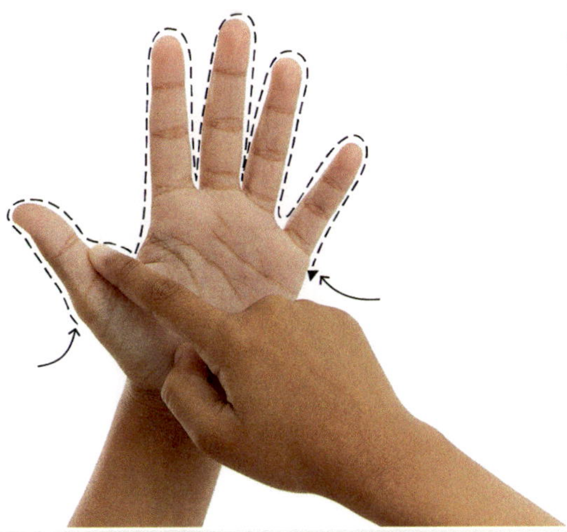

Schnelle Schwimmer

Haie können mit hoher Geschwindigkeit durchs Wasser gleiten. Plötzlich wenden sie und genauso schnell schwimmen sie in die andere Richtung. Dass sie so schnell und wendig sind, verdanken die Haie ihrer Haut. Die Haut ist mit Hautzähnchen bedeckt, ähnlich wie Schuppen, die sich überlappen. Diese sogenannten Dentikel verringern den Widerstand des Wassers beim Schwimmen. Je geringer der Widerstand im Wasser ist, desto schneller die Fortbewegung.

Das wollten sich die Wettkampfschwimmer zunutze machen. Neue Schwimmanzüge wurden nach dem Vorbild der Hai-Haut hergestellt. Wer solch einen neuen Anzug trug, war viel schneller im Wasser und konnte alle Rekorde brechen. Bei Wettkämpfen sind die Hai-Anzüge aber inzwischen verboten: Niemand, der an einem Wettkampf teilnimmt, soll einen Vorteil wegen seiner Bekleidung haben.

Die Erforschung der Hai-Haut geht heute immer noch weiter. Sie brachte die Menschen auch auf diese Idee: Schiffe und Flugzeuge, die mit einer Art Hai-Lack angestrichen sind, verbrauchen weniger Treibstoff.

Wer Tiere und Pflanzen in der Natur genau beobachtet, kann sich vieles abschauen. Daraus ist ein ganzes Forschungsgebiet entstanden, die Bionik. Der Begriff setzt sich zusammen aus **Bio**logie und Tech**nik**.

Haftkraft

Geckos gehören zu den Schuppenkriechtieren. Sie sind verwandt mit Eidechsen, Schlangen und Chamäleons. Allerdings können nur sie an Wänden, Zimmerdecken und sogar über Kopf auf Glasscheiben entlanglaufen, ohne herabzufallen.

Das Geheimnis dahinter steckt in ihren Füßen. Die sind weder mit Klebstoff noch mit Saugnäpfen oder mit Klettverschlüssen versehen – sondern mit winzig kleinen Härchen. Diese sind so klein, dass man ein richtig gutes Mikroskop benötigt, um sie zu erkennen. Und es sind richtig viele, eine Milliarde Härchen pro Fuß. Oder anders gesagt: mehr als 6.000-mal so viele, wie auf deinem Kopf wachsen!

Auch wenn ein Geckofuß nicht größer ist als eine Fingerkuppe, ist seine Gesamtfläche durch die vielen winzigen Härchen riesig. Forschende haben errechnet, dass ein Geckofuß von der Größe eines A4-Papiers genug Haftkraft hätte, um ein ganzes Auto dranzuhängen.

Kein Wunder, dass Tüftlerinnen und Tüftler seit Jahren versuchen, sich diese beeindruckende Technik zunutze zu machen. Wäre es zum Beispiel nicht genial, wenn es Handschuhe gäbe, mit denen man Wände hochlaufen könnte? Das ist zwar bislang noch Zukunftsmusik, aber erste Erfolge gibt es schon, zum Beispiel Klebebänder, die sich beinahe unendlich oft wiederverwenden lassen. ◇

Martin Verg

Tierisch guter Sonnenschutz

Nilpferd oder Flusspferd nennen wir dieses gewaltige Säugetier, das an Land und im Wasser lebt. Am liebsten hält es sich an Wasserlöchern auf – oder mittendrin. Und zwischendurch taucht es immer wieder unter. Abkühlung ist für ein Nilpferd die Hauptsache!

Denn nicht nur Menschen, auch Nilpferde bekommen Sonnenbrand. Sonnenbrand tut weh und schadet der Haut. Zum Glück können wir mit Sonnencreme unsere Haut schützen. Leider sind in Sonnencreme mindestens zwei chemische Substanzen enthalten, nämlich Oxybenzon und Octinoxat, die Korallenriffe zerstören, wenn sie ins Meer gelangen. Nilpferde haben eine Lösung, die auch uns helfen könnte.

Ein Nilpferd verbringt bis zu 16 Stunden am Tag unter Wasser und ist dadurch ziemlich gut vor der Sonne geschützt. Wenn es auftaucht, sondert es eine rote, schleimartige Substanz ab, die seinen Körper bedeckt. Ein Wissenschaftsteam hat diese Substanz analysiert und entdeckt, dass sie aus lichtbrechenden Kristallen besteht. Diese Kristalle verhindern, dass das Sonnenlicht auf die Nilpferdhaut trifft und sie verbrennt.

Die entscheidende Frage ist: Lässt sich diese Substanz nachahmen, damit wir Menschen uns ebenfalls auf diese Weise vor den schädlichen UV-Strahlen der Sonne schützen können? Die Wissenschaft experimentiert mit Flüssigkeiten, die winzige Kristalle enthalten. Mal abwarten, ob wir in einigen Jahren eine Sonnencreme verwenden, die wir uns vom Nilpferd abgeschaut haben. ◈

Jennifer Swanson

Berufe in der Bionik

Ich untersuche Termitenhügel.

Termiten sind Insekten, die in warmen und sogar sehr heißen Regionen leben. Die Termitenhügel sind so gebaut, dass sie trotz der Hitze draußen im Inneren kühl bleiben.

Vielleicht kann ich eine energiesparende Bauweise auch für Häuser in sehr heißen Gebieten davon ableiten.

Ich arbeite im Flugzeugbau.

Ich habe mir die V-Formation von Zugvögeln angeschaut. Die Luftbewegungen der vorderen Vögel erleichtern den hinteren Vögeln das Fliegen, sie brauchen weniger Energie.

Wir wollen herausfinden, ob es für Flugzeuge auch eine Lösung ist, in solch einer Formation zu fliegen. Dann könnten zum Beispiel Transportflugzeuge weniger Treibstoff verbrauchen.

Ich konstruiere einen Transportroboter.

Ich baue an einem Roboter, der kleine Gegenstände sehr schnell transportieren und anreichen kann, zum Beispiel einem Operationsteam im Krankenhaus.

Dafür habe ich die Flugbewegungen von Fledermäusen studiert, denn Fledermäuse können auch Kurven mit hohem Tempo fliegen.

Ich überlege, was wir vom Nebeltrinker-Käfer lernen können.

Dieser Käfer sammelt in der heißen Wüste auf seinem Rücken Wasser aus der Luft.

Vielleicht können wir für Häuser in der Wüste etwas erfinden, sodass auf den Dächern Wasser gesammelt werden kann. Dann brauchen die Menschen nicht mehr zu weit entfernten Brunnen zu gehen und sie benötigen auch keine teuren Wasserleitungen.

Ich fress dich

Das alles sind Karnivoren.

Fleischfressende Pflanzen fangen ihre Beute mit unterschiedlichen Fallen, zum Beispiel mit Klebefallen, Klappfallen oder Saugfallen.

Gemeines Fettkraut

Lebensraum: feuchte, morastige Wiesen und Ufer von Tümpeln
Vorkommen: Europa, Nordamerika, Asien
Beutetiere: Insekten, zum Beispiel kleine Fliegen, Mücken, Ameisen
Klebefalle: Blätter mit klebrigem Sekret, an dem die Beutetiere bei Berührung festkleben
Besonderes: In Deutschland unter Schutz gestellt.

Venusfliegenfalle

Lebensraum: Moore, Sumpfland
Vorkommen: Nordamerika
Beutetiere: Spinnen und Insekten, zum Beispiel Käfer, Fliegen, Asseln
Klappfalle: Blätter klappen erst zu, wenn sich das Beutetier zweimal bewegt hat.
Besonderes: Nimmt die Anzahl der Bewegungen der Beute wahr. Nach der fünften Bewegung beginnt der Verdauungsprozess.

Gewöhnlicher Wasserschlauch

Lebensraum: Tümpel, schwach fließende Gewässer
Vorkommen: Europa bis Zentralasien, Nordafrika
Beutetiere: Wasserflöhe, kleine Kaulquappen
Saugfalle: Tausende schlauchförmige Fangbläschen am Stängel
Besonderes: In Deutschland unter Schutz gestellt.

Ich hör dich

Wenn Pflanzen sich vermehren wollen, brauchen sie Besuch. Das können Insekten, Vögel oder auch Winde sein, die Pollen und Blütenstaub zur nächsten Pflanze tragen und sie bestäuben. Um die Tiere anzulocken, haben viele Pflanzenarten geniale Fähigkeiten entwickelt, zum Beispiel auffällige Farben, Formen und Düfte. Eine israelische Forschungsgruppe hat herausgefunden, dass einige Blumen auch hören können.

Versuchsobjekt der Forscherinnen und Forscher war eine bestimmte Art der Nachtkerze, die zu den nachtaktiven Pflanzen gehört. Sobald sich eine Biene oder ein Falter der Blüte näherte, begannen ihre Blätter zu zittern, und innerhalb von drei Minuten erhöhte die Blüte den Zuckergehalt in ihrem Nektar um 20 Prozent. Welche Biene kann da schon widerstehen? Für die Forscherinnen und Forscher war klar: Die Nachtkerze konnte das Schwirren der Bienen und Falter hören. Sie probierten ihr Experiment an mehr als 650 Nachtkerzenpflanzen. Dafür nahmen sie die Geräusche von Bienen und Faltern auf, um sie den Blüten vorzuspielen.

Ein gutes Gehör schreckt auch Feinde ab! Durch die Fähigkeit zu hören könnten die Pflanzen auch auf Fressfeinde reagieren. Genau das fanden Fachleute in den USA heraus. Sie hatten die Acker-Schmalwand untersucht, eine Pflanze, die an Ackerrändern wächst. Über dieses Kraut macht sich gern die Raupe des Kohlweißling-Schmetterlings her. Die Forscher bemerkten, dass die Pflanze ihre Bitterstoffe erhöhte, sobald sie das Kaugeräusch der Raupen hörte. Besser kann man einen Feind nicht abwehren. ◈

Christiane Zander

Arbeitsheft LEICHT | BASIS, Seite 35
Arbeitsheft BASIS | PLUS, Seite 34

Ich sag dir, wie es mir geht

Tief unter der Erde reden Pflanzen und Pilze miteinander. Pilze wie der Fliegenpilz bilden ein Netz aus langen, dünnen Fäden, auch Myzel genannt. Es kann unterirdisch über Kilometer hinweg verlaufen. Diese Pilzfäden docken an die Enden von Baumwurzeln an und geben den Bäumen Nährstoffe, während die Pilze für sich Zucker entnehmen.

Erst langsam verstehen wir, dass die Beziehung zwischen Pflanzen und Pilzen komplex ist. Sie helfen sich gegenseitig.

Ähnlich wie das Internet, über das mittels unterirdischer Kabel Informationen gesendet werden, hat sich die Natur ihr eigenes unterirdisches Kommunikationsnetzwerk geschaffen: das Wood Wide Web. Als Forscherinnen und Forscher dieses belauschten, fanden sie heraus, dass ältere Pflanzen, sogenannte „Mutterbäume“, mit ihren tiefen Wurzeln Nährstoffe zu flachwurzelnden Keimlingen hinaufbefördern, um deren Überleben zu sichern.

Arbeitsheft BASIS | PLUS, Seite 35

Mutterbäume empfangen auch Stresssignale anderer, bedrohter Pflanzen und teilen auf gleiche Weise Nährstoffe mit ihnen. Sterbende Bäume können ihre Nährstoffvorräte gesunden Nachbarn schicken – egal, ob diese von derselben Art sind oder von einer anderen.

Die durch ein Myzel verbundenen Pflanzen teilen sich nicht nur ihr Essen. Unglaublich, sie „sprechen“ miteinander und tauschen Informationen aus, um sich beim Überleben zu helfen. Wird eine Pflanze von Pflanzenfressern bedroht, sendet sie einen SOS-Ruf über das Pilznetzwerk, um ihre Nachbarn zu warnen. Diese feuern sogleich chemische Abwehrstoffe ab, um hungrige Käfer abzuhalten.

Das Wood Wide Web ist ein Ort, an dem man sich gegenseitig hilft, doch hat es seine Schattenseiten. Die in Nordamerika heimische, gefährliche Pflanze *Cephalanthera* kann sich ins Netz *hacken* und von anderen Bäumen Kohlenstoff klauen. Von einem Baum namens Schwarznuss weiß man, dass er Giftstoffe ausschüttet, um seine Nachbarn anzugreifen.

Es ist ein komplexes Netzwerk, über das sich Lebewesen tief unter dem Erdboden miteinander austauschen. ◈

Leisa Stewart-Sharpe

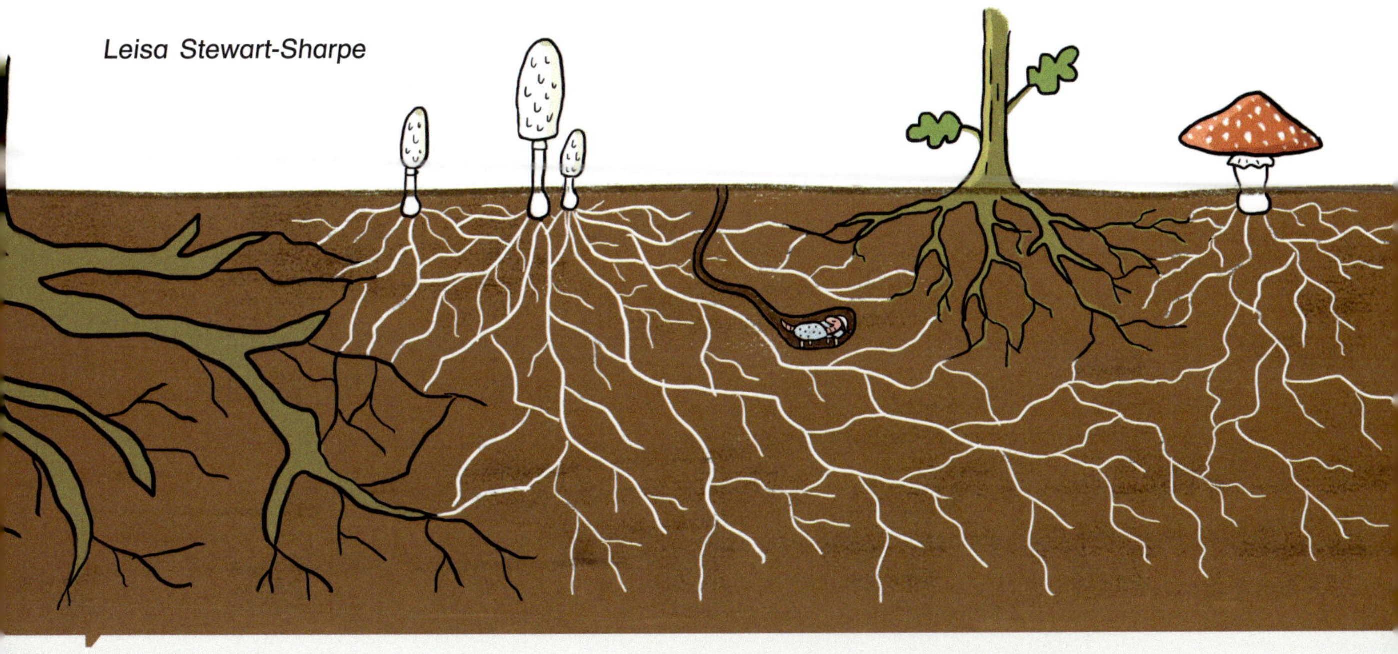

Herr Sorge kümmert sich um den Wald

Pablo Sorge ist Förster im Sauerland in Nordrhein-Westfalen. Seit zehn Jahren ist der Wald sein Arbeitsplatz.

Herr Sorge, sind Sie als Förster eigentlich jeden Tag im Wald?
Fast jeden Tag. Deshalb habe ich mir diesen Beruf ausgesucht. Ich könnte nicht den ganzen Tag in einem Büro sitzen. Ich brauche Bewegung und frische Luft. Und beides hat ein Förster.

Den Wäldern soll es aber gar nicht so gut gehen, stimmt das?
Das stimmt leider. Starke Stürme, zu wenig Regen, große Hitze und massenweise Schädlinge machen den Wäldern zu schaffen. Dabei sind Bäume so wichtig – für uns Menschen, die Tiere und die Pflanzen. Ich kenne meinen Wald gut und beobachte Veränderungen im Wald genau. Nur so bemerke ich zum Beispiel, wenn Schädlinge sich zu stark vermehren und Bäume krank werden.

Was tun Sie denn, wenn Bäume krank werden?
Wir hatten in unserem Wald ein großes Problem mit Borkenkäfern. Die Borkenkäfer haben vor allem die Fichten befallen, davon gab es bei uns im Wald sehr viele. Wir mussten die kranken Bäume fällen und aus dem Wald herausholen. Jetzt wachsen dort neue, verschiedene Baumarten. Das ist ein gesunder Mischwald.

Arbeitsheft LEICHT | BASIS, Seite 36

Warum ist denn ein Mischwald gesünder?

Bäume brauchen Licht, Wasser und Nährstoffe zum Leben. In einem Mischwald sind die Bäume unterschiedlich hoch, dadurch bekommen sie mehr Licht. Die einen Bäume haben eher flache Wurzeln, andere wachsen tiefer. Wenn nicht alle Bäume in einem Gebiet die gleichen Wurzelsysteme haben, sind die einzelnen Bäume besser mit Wasser und Nährstoffen versorgt. Ein Mischwald wird auch nicht so schnell krank.

Warum gibt es dann so viele Wälder mit nur einer Baumart?

Fichtenholz ist sehr beliebt, denn Fichten wachsen schnell. Deshalb hat man früher viele Fichten angepflanzt. So war ein guter Holzverkauf gesichert. Jetzt wissen wir, dass so ein Wald auch viele Nachteile hat – vor allem in Zeiten des Klimawandels. Wenn es wie in den letzten Jahren weniger regnet und es stärkere Stürme gibt, verändert sich der Lebensraum Wald.

Was ist denn für den Wald der Zukunft wichtig?

Im Wald sind viele verschiedene Tiere, Pflanzen und Pilze heimisch, die Schutz brauchen. Und der Wald ist für uns Menschen wichtig: nicht nur zur Erholung oder zur Gewinnung von Holz. Der Wald sorgt für gute Luft und Schadstoffabbau. Gesunde Wälder helfen uns also auch, dem Klimawandel entgegenzuwirken.

Eine letzte Frage, Herr Sorge: Was gefällt Ihnen an Ihrem Beruf nicht so gut und was besonders gut?

Wenn Waldbesucher ihren Müll im Wald liegen lassen, das ärgert mich sehr. Am schönsten ist es für mich frühmorgens allein im Wald, wenn die Sonne aufgeht. Dann lausche ich den Vogelstimmen und beobachte die Tiere. Das ist für mich Glück.

Vielen Dank für das Interview.

Ein anderer Ort, ein anderes Klima

Mein Name ist Massak. Ich lebe im Norden Kanadas. Es ist jetzt Ende April und langsam tauen das Eis und der Schnee. Ich freue mich schon auf den Sommer, der dauert zwar nur zwei Monate, aber ich kann draußen spielen. Während des langen Winters kann ich nicht raus, weil es fast immer dunkel ist und oft Schneestürme toben. Manchmal kann es sogar minus 40 Grad werden.

Ich heiße Kumar und lebe in Bangladesch am Meer. Mitte Mai beginnt bei uns der Monsun, die Regenzeit. Die dauert bis zum September. Es regnet dann so viel, dass das ganze Land mit Wasser bedeckt ist. Dazu ist es sehr heiß. Gefährlich wird es, wenn die Wirbelstürme kommen. Ist die Regenzeit vorüber, dauert es dann Monate, bis es wieder regnet. Winter und Kälte gibt es bei uns nicht, ich habe noch nie erlebt, dass es kühl ist.

Ich bin Faris aus Marokko und lebe in einer Oase in der Sahara, der großen Wüste. Tagsüber ist es sehr heiß und nachts bitterkalt. Vor einem Jahr hat es zum ersten Mal geregnet. Zum Glück gibt es in unserer Oase zwei Brunnen mit genug Wasser, sonst könnten wir hier nicht leben. Manchmal kommt der große Sandsturm, man sieht den Himmel nicht und ich kann nicht aus dem Haus gehen, weil alles voller Sand ist.

Das Wetter bestimmt das Klima

Es gibt verschiedene Klimazonen auf der Erde. Massak lebt in der polaren Klimazone, Kumar ist in den Tropen zu Hause, und Faris' Heimat sind die Subtropen.
Klima ist das durchschnittliche Wetter in einem bestimmten Gebiet über einen längeren Zeitraum hinweg. Wetterforscher, auch Meteorologen genannt, messen unter anderem die Temperatur, zählen die Sonnenstunden und die Regentage.

Hier siehst du Messwerte für Kanada, Bangladesch und Marokko.

Land → ↓ pro Jahr	Kanada im Norden (polare Klimazone)	Bangladesch Ort am Meer (Tropen)	Marokko in der Sahara (Subtropen)
Sonnenstunden maximal	1497	2081	3322
Regentage maximal	68,4	128,4	24
Ø Tages-Höchst-temperatur	–4,7° C	31,2° C	27,3° C
Ø Tages-Tiefst-temperatur	–12° C	22° C	13,2° C

Extrawissen Klima

Sommermonsun
Einer der wasserreichsten Regenfälle der Erde. Ohne den Monsun in den Sommermonaten gäbe es in Bangladesch keine Ernte.

Tropische Wirbelstürme
Sie können eine Geschwindigkeit von bis zu 360 km/h erreichen. Das ist dreimal so viel wie ein Orkan.

Immer wärmer auf der Erde

So heiß wie in der Wüste wird es in Deutschland wohl erst einmal nicht. Aber die letzten Jahre zeigen ganz klar: Es wird wärmer, überall auf der Erde. Nicht nur ab und zu, sondern auf Dauer.

Für diesen **Klimawandel** sind wir Menschen verantwortlich. Denn wir verstärken den natürlichen Treibhauseffekt der Erde – indem wir Unmengen von **Treibhausgasen** in die Luft blasen.

Diese Gase sammeln sich in der **Atmosphäre**. Das Gas mit den stärksten Auswirkungen auf das Klima heißt Kohlenstoffdioxid, abgekürzt **CO_2**. Es entsteht, wenn Erdgas oder Kohle in Kraftwerken verbrannt wird, um Strom zu erzeugen. Und wenn Treibstoff in Autos, Schiffen und Flugzeugen verbrannt wird. Auch wenn jemand mit Holz heizt oder Müll verbrennt, wird CO_2 freigesetzt.

Auch **Methan** ist ein Treibhausgas. Es klingt unglaublich, ist aber wahr: Das meiste Methan gelangt durch die vielen Millionen von ständig pupsenden und rülpsenden Kühen in die Luft!

Der natürliche Treibhauseffekt funktioniert so:
Die Sonnenstrahlen treffen auf die Erde und erwärmen sie. Der Boden gibt einen Teil der Wärme wieder ab, und diese Wärme steigt hoch in Richtung Weltraum. Ein Großteil der Wärmeenergie wird dabei von der Lufthülle um die Erde festgehalten. Das ist ganz normal. Problematisch wird es erst, wenn durch die Treibhausgase, die wir erzeugen, nicht mehr genug Wärme entweichen kann. Dann wird es auf der Erde immer wärmer.

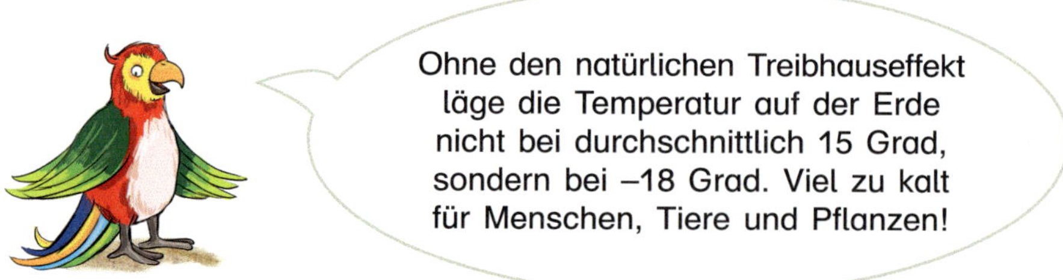

Vor mehr als 200 Jahren entstanden die ersten Industrien. Seitdem ist die Menge an CO_2, die in die Atmosphäre gelangt, rasant angestiegen. Immer mehr Sonnenwärme wird dadurch auf der Erde festgehalten – es wird heißer.

Diese Klimaerwärmung bringt viele Probleme mit sich:

- Das Eis an den Polen schmilzt. Dadurch steigt der Meeresspiegel an. Inseln versinken, und Küstenstädte wie Hamburg sind gefährdet. Es gibt mehr Überschwemmungen.
- Hitzewellen machen Menschen und Tieren zu schaffen und bedrohen vielerorts die Ernten.
- Die Wüsten vergrößern sich, und neue entstehen. Dadurch verlieren Menschen und auch Tiere ihren Lebensraum.
- Weil warme Luft mehr Feuchtigkeit aufnehmen kann als kalte, werden schwere Stürme mit großen Mengen an Regen häufiger.

Weil der Klimawandel die ganze Welt bedroht, fand 1992 in Brasilien der erste Umweltgipfel statt. Seitdem gibt es regelmäßige Klimakonferenzen; inzwischen sind Vertreter aus fast 200 Staaten dabei. 1997 einigte man sich darauf, dass die Industrieländer ihren CO_2-Ausstoß begrenzen müssen.

Die Umsetzung der Vereinbarungen ist zwar nicht einfach, aber viele Länder machen seitdem Gesetze, die den weiteren Klimawandel stoppen sollen. ◇

Gabi Neumayer

Coole Idee für heiße Tage

Dreißig Grad im Schatten und das Sommerfest steht vor der Tür. Die Kinder wollen auf dem Fest Spenden sammeln und etwas Geld für die Klassenkasse einnehmen. Sie überlegen, was sie anbieten möchten.

„Wir könnten ein Sackhüpfen-Rennen veranstalten", schlägt Ela vor. „Viel zu anstrengend bei dem Wetter", meint Naomi. „Da hat niemand Lust drauf." „Wir könnten grillen!", ruft Emil. „Essen muss man schließlich immer." „Bist du verrückt?", lacht Mila. „Bei dem Wetter am Grill stehen!" Die Kinder grübeln und schwitzen. Nur Olli scheint die Hitze nichts auszumachen, er flattert fröhlich herum. „Ich hab's!" Sami springt auf. „Wir verkaufen kalte Limo! Ich kenne ein leckeres Rezept für Zitronenlimo." Alle sind begeistert. „Tolle Idee, das ist es! Wir malen ein Plakat: Lecker Limo geht immer", schlägt Milo vor. „Oder: Zitrus-Zischer löscht jeden Durst!"

Die Kinder verabreden das nächste Treffen. Da werden sie die Werbeplakate für den Schuleingang und den Verkaufsstand gestalten. Denn gute Werbung steigert ja den Verkauf!

Samis Limo-Rezept

Zutaten:

3 unbehandelte Zitronen
2 bis 3 EL Honig
1 l Mineralwasser

Zubereitung:

1. Zitronen mit einer Zitruspresse auspressen.
2. Den Zitronensaft mit dem Honig in eine Kanne geben und gut umrühren.
3. Die Saft-Honig-Mischung mit dem Mineralwasser auffüllen. Alles noch einmal kräftig umrühren.

Im Kühlschrank hält die Limo drei Tage!

Bunt und mit viel Gefühl

Werbung findest du auf Plakaten, Litfaßsäulen, auf Bussen und Bahnen, sie wird in Zeitschriften abgedruckt, im Fernsehen gezeigt und ploppt im Internet auf. Es ist nicht immer einfach zu erkennen, was Werbung ist. Werbung will, dass du etwas kaufst – sogar, wenn du es gar nicht brauchst. Deshalb sendet sie dir Botschaften: zum Beispiel, dass ein Produkt das Leckerste, das Beste oder das Günstigste ist. Werbung verspricht oft sehr viel. Und damit du die Werbung auch wirklich wahrnimmst, zeigt sie dir bunte Bilder, leuchtende Farben, große Buchstaben, sie ist begleitet von Musik, die dir im Ohr bleibt. Sie überrascht dich, weckt Gefühle in dir und bleibt dir so im Gedächtnis.

Die Botschaft dieser Werbung:
Sieh nur, wie fröhlich die Menschen in dem Werbespot lachen, so fühlst auch du dich, wenn du diese Schokocreme isst.

Die Botschaft dieser Werbung:
Mit diesem Haargel kannst du genauso sportlich und cool aussehen wie der Typ in der Anzeige.

Die Botschaft dieser Werbung:
Mit diesen Sneakers gehörst du dazu wie die junge Frau auf dem Plakat.

Oh, das ist ja Werbung!

Wenn du im Internet surfst oder nach Informationen suchst, kann sich von selbst ein zweites Fenster auf deinem Bildschirm öffnen. Meist enthalten solche Fenster Werbebotschaften. Es ist oft gar nicht zu erkennen, dass es keine Information ist. In Wirklichkeit sollst du nur etwas kaufen. Solche Werbefenster können ganz schön nervig sein. In deinem Browser kannst du das Einblenden von Pop-up-Fenstern abschalten. Bestimmt kann dir ein Erwachsener dabei helfen. Wenn du im Internet etwas suchst, verwende nur Kindersuchmaschinen ohne Werbung!

Auf Jacken, auf Hosen, auf Taschen, auf T-Shirts ... Manch einer wird zur wandelnden Litfaßsäule auf zwei Beinen: Denn oft drucken die Herstellerfirmen ihr Logo oder den Markennamen auf ihre Produkte. Hast du schon mal darüber nachgedacht, dass du auf diese Weise selbst auch Werbung machst? Zum Beispiel wenn du eine Markenjeans trägst oder ein Logo auf deiner Mütze prangt. Für die Hersteller ist das eine tolle Sache, denn Werbung ist eigentlich teuer, aber deine Werbung bekommen sie ganz umsonst. Du und deine Eltern zahlen ja sogar noch für den Kauf des Produkts.

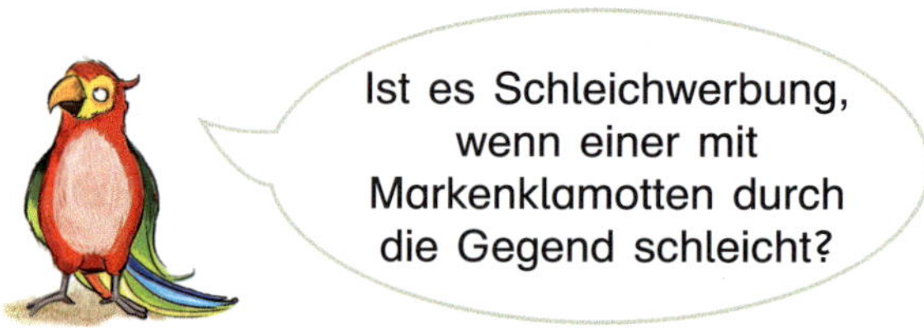

Arbeitsheft BASIS | PLUS, Seite 39

Was machen Influencer?

Der Begriff Influencer kommt vom englischen Wort *influence* und bedeutet „jemanden beeinflussen“. Einige Influencer werden angehimmelt wie Popstars, und ihre Beiträge werden von den Fans millionenfach geklickt: Manche beschäftigen sich mit Schminke und Klamotten, andere mit Games, wieder andere mit Musik oder Reisen.

Oft lassen Influencer die Zuschauer an ihrem Leben teilhaben und posten Bilder und Videos aus ihrem Alltag. Das Problem dabei ist, dass diese Bilder oft spontan wirken sollen – aber gestellt sind.

Influencer beeinflussen ihre Fans in dem, was diese denken und tun. Grundsätzlich ist das auch ziemlich cool – leider werden aber viele Influencer ihrer Verantwortung überhaupt nicht gerecht. Sie sind sehr oberflächlich oder nutzen ihren Einfluss nur, um Produkte zu verkaufen.

Denn Firmen haben natürlich längst entdeckt, dass sich ihre Produkte besser verkaufen, wenn Influencer sagen, wie toll sie sind. Also bezahlen sie Influencern Geld dafür, dass die ihre Produkte unauffällig in den Himmel loben. Die Fans wollen ihren Idolen so nah sein wie möglich und glauben, was die sagen: Also kaufen sie das Produkt. Das Ganze nennt sich dann „Schleichwerbung“ und ist eigentlich ganz schön berechnend und gemein.

Deswegen ist das auch verboten. Und nachdem viele Influencer Ärger bekommen haben, sind sie jetzt zumindest verpflichtet, ihre Werbung zu kennzeichnen. ◇

Gregor Eisenbeiß

4 Sagen

Sagen berichten von etwas sehr Ungewöhnlichem.

Sagen sind erfundene Erzählungen, in denen oft von wundersamen Wesen oder besonderen Kräften berichtet wird. Aber nicht alles ist erfunden: Es können auch Orte, Bauwerke oder Landschaften vorkommen, die es heute noch gibt. In manchen Sagen erfährst du Unglaubliches von Menschen, die vor langer Zeit gelebt haben.

Es gibt unterschiedliche Arten von Sagen:

Göttersagen erzählen von mächtigen Göttinnen und Göttern. Oft geraten sie in Streit oder veranstalten Wettkämpfe. Die Göttinnen und Götter haben übermenschliche Kräfte.

Die Heldinnen und Helden in **Heldensagen** sind außergewöhnliche Menschen: Manche haben besondere Kräfte. Andere sind besonders schlau und können, auch wenn sie schwächer sind, gegen die Starken siegen.

Heldinnen und Helden sind immer mutig und tapfer.

Volkssagen berichten von merkwürdigen Ereignissen, die erklären sollen, wie eine Landschaft, ein Bauwerk oder ein bestimmter Brauch entstanden ist.

Sagen gibt es schon seit sehr langer Zeit. Früher wurden sie erzählt, erst später schrieb man sie auf. Durch die Sagen erklärten sich Menschen die Welt. Überall gibt es Sagen. Sie passen zur Landschaft, den Menschen und der Geschichte eines Landes.

Siegfrieds Kampf mit dem Drachen

In Xanten am Rhein lebte einst ein Königspaar mit Namen Siegmund und Sieglinde. Sie nannten ihren Sohn Siegfried. Er war klug, hübsch und mutig. Aber er war auch ein wildes Kind. So beschloss er eines Tages, seine Eltern zu verlassen und allein nach Abenteuern zu suchen.

Heimlich schlich er sich aus der Burg und machte sich auf den Weg. Den Rhein entlang marschierte er über Berge und durch Täler, bis in einen dichten Wald. Als er bei einem großen Felsen ankam, hörte er ein lautes Zischen und Fauchen. Aus einem Spalt im Felsen schaute der riesige Kopf eines Drachen heraus. Als er den Jüngling sah, schlängelte er sich aus seinem Versteck und erhob sich auf die Hinterbeine. Seine grüne Schuppenhaut glitzerte in der Sonne. Mit grausamen Augen sah er auf Siegfried herab. Die rote Drachenzunge zuckte aus dem fauchenden Maul.

Siegfried packte einen Baumstamm und schlug ihn mit aller Kraft auf den Kopf des bösen Drachen. Dieser Hieb genügte, um den Drachen zu besiegen. Das Untier sank zu Boden. Aus einer großen Wunde tropfte das Blut auf den Waldboden. Ein kleiner Tropfen Drachenblut spritzte in Siegfrieds Mund. Da konnte der Jüngling plötzlich die Sprache der Vögel verstehen. Ein kleiner Vogel zwitscherte ihm zu: „Reibe deine Haut mit dem Drachenblut ein, Siegfried! Es macht dich unbesiegbar, und keine Waffe kann dich verwunden!“

Siegfried tat, was der Vogel ihm geraten hatte. Sorgfältig bestrich er seinen Körper mit dem Blut des Untiers. Dabei merkte er nicht, dass das Blatt eines Lindenbaums auf seinen Rücken fiel. Diese Stelle wurde nicht vom Drachenblut bedeckt. Hier blieb er, ohne es zu wissen, ohne Schutz. ◇

Elke Leger

Das beste Geschenk

Poseidons Bude war tausendmal cooler als die der anderen Götter. Das gesamte Meer stand unter seinem Befehl. Alle Seeleute auf dem Mittelmeer brachten ihm Opfer dar und beteten zu ihm um sicheres Geleit. Und da dachte Poseidon: „Hey, ich könnte doch mal nach oben gehen und mich als Schutzgott für eine der Städte anbieten." Poseidon beschloss, es bei der Hauptstadt von Attika auf dem griechischen Festland zu versuchen, einer der größten und wichtigsten Städte Griechenlands. Wennschon, dennschon, nicht wahr? Er tauchte auf. Die Erde bebte. Poseidon erschien in einer wirbelnden Säule aus Salz und Nebel. „Schaut her!", brüllte er die Menge an. „Ich bin Poseidon und gekommen, um Schutzgott eurer Stadt zu werden!"

Starker Auftritt! Leider hatte sich einige Sekunden davor Athene, die Göttin der Weisheit, mit genau derselben Ansage vorgestellt. Sie verhandelte gerade mit dem Stadtrat. Poseidon hätte sie zu gerne mit seinem Dreizack verjagt, aber ehe er loslegen konnte, rief Athene: „Ich weiß, wie wir das friedlich regeln können. Wir veranstalten einen Wettbewerb. Du und ich überreichen der Stadt ein Geschenk. Wer das wertvollere Geschenk macht, wird zum Schutzgott ernannt. Und der andere akzeptiert die Entscheidung des Stadtrats und zieht friedlich ab." Poseidon runzelte die Stirn. Was könnte ein wertvolles Geschenk sein? Eine Schachtel voller Perlen? Eine Schmusequalle? Poseidon starrte die Wellen an, die sich am Strand weit unter ihnen brachen. Da kam ihm eine Idee.

Er zeigte mit seinem Dreizack aufs Wasser und die Wellen nahmen Gestalt an. Als sie das Ufer erreichten, wurden sie zu majestätischen Tieren mit vier langen Beinen und wehenden Mähnen. Sie rannten den Strand entlang, wieherten und tänzelten.

„Ich nenne sie Pferde!“, rief Poseidon. „Sie sind schnell und stark. Man kann darauf reiten. Sie können schwere Lasten tragen und Wagen oder Pflüge ziehen.“

Die Stadtbewohner applaudierten. Pferde waren eindeutig ein wertvolles Geschenk.

Alle drehten sich zu Athene um. Die Göttin hob die Hand. Ein kränklich aussehender Busch brach aus dem Felsboden. Er hatte graugrüne Blätter und grüne knubbelige Früchte.

Poseidon prustete los: „Was soll das denn sein?“

„Das ist ein Olivenbaum“, sagte Athene.

Poseidon grinste. „Ich glaube, es ist klar, wer diesen Wettbewerb gewonnen hat.“

„Nicht so schnell“, sagte Athene. „Der Olivenbaum sieht vielleicht unscheinbar aus, aber ihr könnt ihn ohne große Mühe anpflanzen. Er wird sich im ganzen Land verbreiten, bis Oliven das wichtigste Nahrungsmittel in Griechenland sind. Ihr könnt sie in alle Welt verkaufen und reich werden. Ihr könnt mit Olivenöl kochen und Lampen brennen lassen. Ihr könnt es beim Baden oder bei der Hautpflege benutzen. Ihr werdet zur reichsten und wichtigsten Stadt in Griechenland werden.“

So gewann Athene den Wettbewerb und deshalb heißt die Stadt Athen. Poseidon stürmte davon und vergaß fast sein Versprechen, sich nicht zu rächen. Doch dann beschlossen die Athener, auf ihrem höchsten Berg einen Tempel für Athene *und* für Poseidon zu errichten. ◇

Rick Riordan

Das Schwert im Stein

Es waren schwere Zeiten, in denen König Uther das Land regierte. Die britischen Stämme führten untereinander Krieg, jeder wollte die Macht an sich reißen. Um den Sohn König Uthers, den rechtmäßigen künftigen König, zu beschützen, brachte man den neugeborenen Artus heimlich fort.

Ritter Sir Ector nahm den kleinen Artus in seine Familie auf und erzog ihn zusammen mit seinem eigenen Sohn Key. Artus selbst ahnte nichts von seiner wahren Herkunft.

Die Jahre vergingen und als der König schwer krank wurde, sprach er: „Mein Sohn Artus soll nach meinem Tod die Krone tragen.“ Dann schloss der König die Augen und starb.

Die Fürsten kämpften untereinander um die Macht im Land. Jeder von ihnen hoffte, sich selbst bald auf dem Thron zu sehen. Der Bischof lud alle Fürsten des Landes nach Canterbury ein, um einen neuen König zu wählen.

Wie staunten die Fürsten aber, als sie vor der Kathedrale einen gigantischen Felsblock erblickten, in dem ein prachtvolles Schwert steckte. Auf seinem Griff stand:

Unter den Fürsten Britanniens entstand nun ein Wettstreit. Jeder versuchte vergeblich, die Waffe mit aller Gewalt aus dem Stein herauszureißen. „Sollen die Fürsten des Landes hier zum Narren gehalten werden?“, brüllten die einen. „Das geht nicht mit rechten Dingen zu!“, schrien die anderen.

Beinahe wäre es zum Kampf gekommen, wenn nicht der Erzherzog von Canterbury eingegriffen hätte. „Am Weihnachtstag wollen wir ein Turnier veranstalten, an dem alle Herren des Landes teilnehmen sollen. Die Sieger mögen dann erneut ihr Glück versuchen. Wem es gelingt, das Schwert aus dem Stein herauszuziehen, der soll unser König sein.“

So kam es, dass die Ritter die Königswahl widerwillig auf den Weihnachtstag verschieben mussten und heimkehrten.

Als der Weihnachtstag gekommen war, strömten alle Edlen des Landes nach Canterbury, um am Turnier um die Königswürde teilzunehmen. Auch Sir Ector wollte sein Glück versuchen, ebenso sein Sohn Key. Weil Artus etwas jünger war, diente er Key als Knappe.

Als sie auf dem Kampfplatz eintrafen, bemerkte Key, dass er sein Schwert in der Herberge vergessen hatte, und bat Artus, es zu holen.

Artus galoppierte los, doch als er die Unterkunft erreichte, war das Gasthaus verschlossen. Artus machte sich auf den Rückweg und merkte dabei gar nicht, dass sein Pferd einen anderen Weg einschlug. Ein goldenes Schimmern riss Artus aus seinen Gedanken.

Direkt vor seinen Augen blitzte das herrlichste Schwert, das Artus jemals gesehen hatte, in der Sonne. Artus trat an den Steinblock heran, schloss seine Faust um den Griff der Waffe und zog sie mühelos heraus. Dann kehrte er glücklich zu seinem Bruder zurück. Auf die Inschrift achtete Artus nicht.

Key jedoch erkannte das Schwert sofort und ging mit klopfendem Herzen zu seinem Vater.

Auch Sir Ector stockte der Atem, als er das kostbare Schwert sah. Dann aber fasste er sich und sagte: „Key, schwöre bei deiner Ehre, dass du selbst dieses Schwert aus dem Stein gezogen hast.“ Beschämt senkte Key den Blick und erzählte seinem Vater, wie er wirklich zu der Waffe gekommen war.

Da trat Sir Ector vor Artus, reichte ihm das Schwert und fiel vor ihm auf die Knie. „Du, Artus, bist der rechtmäßige König von Britannien, und ich gelobe dir Treue, solange ich lebe.“

Artus war sehr verwirrt, und auch als Sir Ector ihm alles über seine wahre Herkunft erzählt hatte, konnte Artus nicht glauben, dass das Schicksal ausgerechnet ihn für den Thron vorgesehen hatte. ◇

Katharina Neuschaefer

Das Siebengebirge

Südlich von Bonn liegt das Naturschutzgebiet Siebengebirge. Sieben der Gipfel kann man direkt nebeneinander liegen sehen. Nach ihnen wurde die gesamte Gegend benannt.

Oberhalb von Königswinter breitete sich einst ein großer See aus. Die Bewohner der Gegend beschlossen, den See abzuleiten. Dazu musste das Gebirge durchstochen werden. Da sie das selbst nicht konnten, wandten sie sich an die Riesen und verhießen ihnen großen Lohn.

Sieben Riesen machten sich auf, um diesen Lohn zu verdienen. Jeder nahm einen gewaltigen Spaten auf die Schulter, und bald waren sie emsig bei der Arbeit. In wenigen Tagen hatten sie eine tiefe Scharte ins Gebirge gegraben. Bis die Lücke so groß war, dass der See abfloss. Die Leute freuten sich, dankten den Riesen und schleppten den versprochenen Lohn herbei.

Die Riesen teilten den Schatz redlich, jeder schob seinen Anteil in seinen Reisesack, und dann brachen sie auf. Vorher klopften sie noch die Erde und die Felsbrocken ab, die an ihren Spaten klebten. Davon entstanden die sieben Berge, die noch heute am Rhein zu sehen sind.

Edmund Mudrak

Arbeitsheft LEICHT | BASIS, Seite 44

Der Ulmer Spatz

Ganz oben auf dem Dach der großen Kirche in Ulm, dem Ulmer Münster, sitzt ein Spatz aus Stein. Er hält einen Zweig im Schnabel und erinnert an die Zeit, als die Stadt Ulm gebaut wurde.

Früher war die Stadt Ulm von einer Mauer umgeben, die sie vor Feinden schützte. Jeder, der in die Stadt hinein- oder wieder hinauswollte, musste durch eines der Stadttore.

Auch ein fleißiger Zimmermann, der Holzstämme zum Häuserbau liefern wollte, musste mit seinem großen Pferdewagen das Stadttor passieren. Die Stämme lagen quer auf dem Wagen und ragten über die Seiten hinaus.
„Halt!“, schrie die aufmerksame Stadtwache. „So kommst du hier nicht rein. Die Stämme sind viel zu breit für das Tor!“

Der Zimmermann wusste nicht, wie er sein Holz in die Stadt bringen sollte. Viele Leute kamen hinzu und gaben kluge Ratschläge.
„Du musst die Balken links und rechts kürzer sägen“, schlug ein schlauer Mann vor.
Ein anderer riet: „Es hilft nichts, wir sollten das Tor breiter machen.“

Schon wollte man das Stadttor einreißen, da sah einer der Männer, wie ein kleiner Spatz durch eine schmale Lücke im Mauerwerk flog. Im Schnabel hatte er einen Zweig, den er so hielt, dass er der Länge nach durch die Lücke passte.
Da begriffen die Ulmer, dass sie die Stämme längs und nicht quer auf den Wagen laden mussten!

Deswegen tragen bis heute die Ulmer den Spitznamen „Spatzen“.

Arbeitsheft LEICHT | BASIS, Seite 45

Welchen Dialekt spricht man in Ulm?

Die Bremer Gluckhenne

In der Stadt Bremen ist am Rathaus und in der Nähe des Marktplatzes eine Henne aus Stein mit ihren Küken zu sehen. Sie erinnern daran, wie vor vielen Hundert Jahren die Stadt gegründet wurde.

Der Himmel war, wie fast immer an der Weser, trübe und bewölkt. Regenschauer und heftige Böen machten den heimatlosen Menschen, die in uralter Zeit an einem ungemütlichen Tag die Weser in jämmerlichen Kähnen befuhren, das Leben richtig schwer.

Es waren Menschen, die sich schon in ihrer Heimat mühsam durchs Leben geschleppt hatten. Sie hatten dort von der Hand in den Mund gelebt. Doch das Leben wäre erträglich gewesen, wenn nicht Feinde das Land erobert und die Freiheit der Menschen bedroht hätten.

So hatten sie die Heimat in kleinen Kähnen verlassen und irrten durch die Welt. Sie erreichten die Weser und ankerten, als sich der Tag dem Ende zuneigte, mitten im Fluss, denn sie sahen keine Möglichkeit, das Ufer zu betreten. Sie spähten umher, suchten einen Landeplatz. Doch es war vergeblich.

Plötzlich aber drang ein Strahl der sinkenden Sonne durch die Wolken und erhellte die Landschaft mit einem wunderbaren Glanz. Und so bemerkten die Flüchtlinge im letzten Schein der Sonne eine Henne, die sich mit ihren Küken einen sicheren Ruheplatz für die Nacht suchte.

Die Menschen folgten den Tieren, fanden Landeplätze für ihre Kähne, gingen an Land und erklommen eine Düne, wo sie die Henne und ihre Küken, verborgen im Heidekraut, fanden. Die Flüchtlinge beschlossen, auf der sicheren Düne ihre Hütten aufzuschlagen und sich dort für alle Zeiten niederzulassen. Sie versprachen einander, dass dieser Platz für sie endlich ein Ort der Freiheit sein sollte. So wurde der Grund für die Stadt Bremen gelegt.

Der Henne aber mit ihren Küken haben die Bremer ein weiteres Denkmal gesetzt. Man findet es über dem zweiten Rathausbogen. Es ist ein Wahrzeichen der Stadt. ◈

Hermann Gutmann

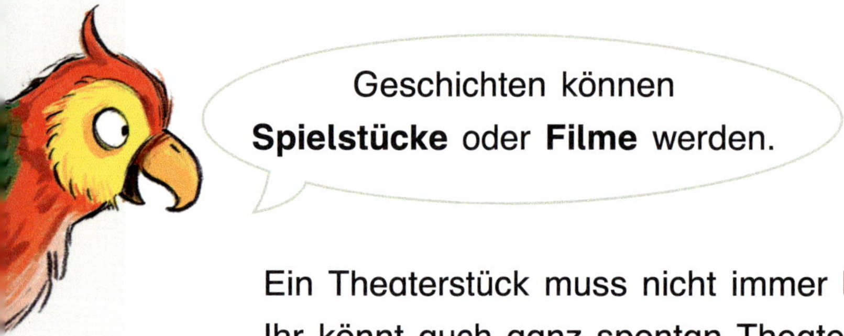

Ein Theaterstück muss nicht immer lange geprobt werden. Ihr könnt auch ganz spontan Theater spielen!

Beim **Improvisationstheater** gibt es keine vorgeschriebene Handlung. Oft gibt es nur ein bestimmtes Thema oder eine vorgegebene Situation. Ein Kind leitet das Spiel und ruft den Schauspielerinnen und Schauspielern zu, was als Nächstes passieren soll.
Es können auch die Zuschauerinnen und Zuschauer Anweisungen geben.
Alle, die auf der Bühne sind, denken sich ihre Texte aus, während sie ihre Rollen spielen. Manchmal gibt es auch Requisiten, die die Handlung unterstützen.

Wichtig ist, dass die Stimmung der Szene, die Gefühle und die Bewegungen der Figuren gut dargestellt werden. Hierfür braucht ihr viel Fantasie.

Mit einer selbst gebauten Film-Box und einem Tablet könnt ihr aus einer Geschichte einen eigenen **Trickfilm** machen.

Ihr braucht eine durchsichtige Plastikbox, ein Tablet, ein Cuttermesser und die Hilfe eines Erwachsenen.

Legt die Box mit der Öffnung nach vorn auf die lange Seite. Das Tablet legt ihr oben auf die Box.

Umrandet das Tablet mit einem wasserfesten Stift. So wisst ihr genau, wo es liegen muss, um die Fotos zu machen.

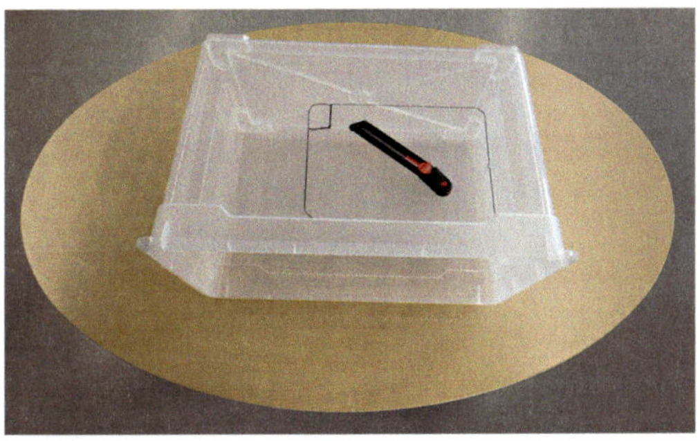

Das Loch für die Kamera schneidet der Erwachsene mit dem Cutter aus.

Die Kamera des Tablets legt ihr genau auf die Öffnung. Achtet auf einen sicheren Stand und die Beleuchtung.

Legt ein Tonpapier oder einen gemalten Hintergrund in die Box.

Eure ausgeschnittenen Figuren bewegt ihr in ganz kleinen Schritten auf dem Hintergrund. Bei jeder Bewegung macht ihr ein Foto.

Mit einer Stop-Motion-App, die ihr kostenlos herunterladen könnt, wird daraus ein Film. Mindestens 6 Fotos sind 1 Sekunde Film!

Der erste Film: Im Dschungel

- Zeichnet auf dickes Papier mehrere bunte Tiere, die im Dschungel leben. Schneidet die Tiere aus.
- Zeichnet einen Dschungel-Hintergrund auf ein Blatt. Das Blatt soll genau in eure Film-Box passen.
- Platziert eure Tiere auf dem Hintergrund.
- Öffnet die Stop-Motion-App auf eurem Tablet.
- Positioniert das Tablet auf der Box. Macht das erste Foto in der App.
- Bewegt die Tiere auf dem Blatt ein ganz kleines Stückchen weiter. Macht das nächste Foto.
- Nun werden die Tiere wieder minimal weiterbewegt.
- Dies wiederholt ihr ganz oft. Bis die Tiere auf dem Baum sind oder sich im Kreis gedreht haben – ganz so, wie ihr es euch vorher überlegt habt. Je kleiner die Bewegungen, desto weniger ruckelt später der Film.

Der Sound zum Film

1. Mit einer App könnt ihr den Film mit Geräuschen, Stimmen und Musik unterlegen.
2. Ihr könnt euren Film auch live kommentieren.
3. Oder ihr könnt Sprechblasen zu den Figuren legen und fotografieren.

Arbeitsheft LEICHT | BASIS, Seite 48
Arbeitsheft BASIS | PLUS, Seite 48

Filmprojekt: Die Schildbürger bauen ein Rathaus

Eines Tages beschließen die Schildbürger, ein Rathaus in Schilda zu bauen. Es bekommt feste Wände, ein großes Tor und ein Dach. Als alles fertig ist, versammeln sie sich stolz im Rathaus. Doch was ist das? Es ist stockfinster darin! Die Schildbürger können es sich nicht erklären. Niemand merkt, dass sie die Fenster vergessen haben!
Da hat einer eine gute Idee: Alle sollen mit Säcken und Gefäßen das Sonnenlicht einfangen und ins Rathaus tragen! Sofort machen sie sich an die Arbeit. Doch im Rathaus bleibt es dunkel wie zuvor.

1. Zeichnet die Bilder für die Geschichte:

Hintergrund 1 (HG 1): draußen bei Sonnenschein, Menschengruppe (Einwohner von Schilda), Steine auf einem Haufen (Baumaterial)
Hintergrund 2 (HG 2): draußen bei Sonnenschein, Menschengruppe, das fertige Rathaus (mit einem Tor, aber ohne Fenster)
Hintergrund 3 (HG 3): drinnen im Finstern, schwarzer Hintergrund
Figuren: drei einzelne Schildbürger
Gegenstände: Sack, Eimer, Gefäße ...

2. Verteilt die Aufgaben:

Ein Kind legt die Hintergründe in die Box. Ein Kind legt die Figuren auf. Ein Kind macht die Fotos. Ein Kind führt Regie.

3. Richtet die Film-Box ein.

4. Legt die Figuren (und die Sprechblasen) auf und fotografiert nacheinander die Szenen:

Schildbürger draußen (HG 1)
Schildbürger vor dem fertigen Rathaus (HG 2)
Schildbürger im dunklen Rathaus (HG 3)
Schildbürger tragen das Licht ins Rathaus (HG 3).

Szenen improvisieren

Stell dir vor …

Ein Kind gibt Anweisungen. Die anderen Kinder stellen sich vor, wie es wäre, und verhalten sich entsprechend:
„Iss eine Zitrone.“ / „Stolpere über einen Stein.“ /
„Laufe über heißen Sand.“ / „Lutsche ein süßes Bonbon.“ /
„Gehe auf weichem Moos.“ / „Greife in einen Karton, ohne zu wissen, was darin ist.“ / „Steige über Hindernisse.“ /
„Stapfe durch einen kalten Bach.“ / …
Die Anweisungen werden schnell hintereinander gegeben.

Zugfahrt

Material: Zettel (Fahrkarten) mit Rollen: zum Beispiel alter Herr, alte Dame, Fußballfan, Angeberin, Rücksichtsloser, Besserwisser, Mutter, Kind. Stühle (Sitzplätze im Zugabteil), Trillerpfeife.

Bevor es einsteigt, zieht jedes Kind eine Fahrkarte. Auf der Fahrkarte steht seine Rolle. Die Spielleitung signalisiert Ankunft und Abfahrt des Zuges mit der Trillerpfeife. Die Reisenden steigen an verschiedenen Bahnhöfen ein und auch wieder aus. Im Zugabteil kommt es so immer wieder zu neuen Begegnungen.

Theater aus dem Karton

Material: 1 Karton, unterschiedliche Gegenstände (zum Beispiel: Radiergummi, Stift, Kerze, Buch, Spielzeugauto ...), Zettel mit Spielform (zum Beispiel: Komödie, Krimi, Märchen, Ritterstück, Western).

Bildet Gruppen mit 4 bis 6 Kindern. Jede Gruppe nimmt drei Gegenstände aus dem Karton und zieht einen Zettel mit ihrer Spielform. Die Gruppen haben 10 Minuten Zeit, um sich eine Handlung zu überlegen. Nach der Vorbereitungszeit improvisiert jede Gruppe ihr Stück.

Verkehrte Rollen

Immer zwei Kinder spielen die Situationen:

- Ein Kind bringt seinen Vater ins Bett.
- Eine Schülerin gibt dem Lehrer Hausaufgaben auf.
- Ein Kunde verkauft einer Bäckerin Brot.
- Eine Diebin verhaftet einen Polizisten.
- Ein Buchhändler verkauft einer Leserin Käse.

Überlegt euch selbst Situationen aus der Familie, der Schule oder der Freizeit mit verkehrten Rollen.

Begegnung im Park

Material: Stühle

Stellt mehrere Stühle zu einer Parkbank nebeneinander. Setzt euch zu zweit auf die Bank. Das Publikum ruft euch Stimmungen oder Sätze zu, die ihr spontan auf der Bühne umsetzt.

Witze und Sketche

Hausaufgaben

Luca: Ich habe leider keine Hausaufgaben.

Lehrer: Dann muss ich jetzt mit deiner Mutter reden.

Luca: Das hilft nichts. Sie macht sie auch nicht.

Fabi: Ich bin auf dem Schulweg beklaut worden.

Lehrerin: Das ist ja furchtbar! Was hat man dir gestohlen?

Fabi: Zum Glück waren es nur die Hausaufgaben.

Rechtschreibung

Chefkoch *(hält eine Speisekarte in der Hand)*: Ist das die erste Speisekarte, die Sie allein geschrieben haben?
Jamie: Ja. Gefällt Sie Ihnen?
Chefkoch: Ja, ja, so weit ganz gut. Aber sagen Sie mal, warum haben Sie denn hier unten „Speinat“ statt „Spinat“ geschrieben?
Jamie: Aber Sie haben doch selbst gesagt, Chef, ich soll Spinat mit Ei schreiben. ◈

Schulfrei

Ein Lehrer bietet seinen Schülerinnen und Schülern an: „Ich stelle euch jeden Tag vor dem Unterricht eine Frage. Wer sie beantworten kann, kriegt einen Tag schulfrei.“ Die erste Frage lautet: „Wie viel Wasser enthält der Bodensee?“ Niemand weiß die Antwort. Am zweiten Tag lautet die Frage: „Wie viele Sterne gibt es im Weltall?“ Niemand weiß die Antwort. Am dritten Tag legt Anna eine Eineuromünze auf den Tisch des Lehrers. Dieser kommt herein und fragt: „Wem gehört diese Münze?“ Anna ruft: „Mir!“, packt ihr Schulzeug und ruft im Rausgehen: „Bis morgen!“ ◈

Der letzte Schultag

Hier spielt das Publikum!
Alle Kinder aus der Klasse sind das Publikum. Einige Kinder bekommen einen Zettel, auf dem ihre Rolle steht.

Rollen: Tobias, Ida, Tom, Enno, Sophie, Maja, Chris, Lara, Mustafa und Olga (Schulkinder), Hausmeister Herr Kopp, Lehrer Herr Tappert, Rektorin Frau Fernandez, drei Reinigungskräfte
Requisiten: zwölf Stühle, einige Bücher, ein Fußball, eine Mappe, drei Besen

Der Vorleser oder die Vorleserin liest die Geschichte mit den **NAMEN** *langsam vor. Bei diesem Zeichen* 🎭 *gibt es eine Lesepause. Das aufgerufene Kind kommt auf die Bühne und improvisiert seine Rolle. Erst danach wird weitergelesen.*

Heute ist der letzte Schultag an der Grundschule. **HERR KOPP,** der Hausmeister, kommt ins Klassenzimmer, schließt die Fenster und geht pfeifend wieder hinaus. 🎭

TOBIAS ist heute viel zu früh in der Schule, das ist ihm noch nie passiert. Er freut sich, dass heute der letzte Schultag ist, und stürmt in den leeren Klassenraum. 🎭

IDA steckt ihren Kopf herein und geht dann strahlend zu Tobias. 🎭

HERR TAPPERT, der Lehrer, sucht noch seine Brille, dann sieht er überrascht die Kinder. 🎭

Da kommt **FRAU FERNANDEZ**, die Rektorin, ins Klassenzimmer geschlendert. Sie zwinkert den Kindern zu. 🎭

Frau Fernandez beginnt mit **Herrn Tappert**, **Tobias** und **Ida** zu plaudern. Auf einmal fallen ihnen immer neue Geschichten aus den letzten vier Jahren an der Grundschule ein. Jeder hat etwas zu erzählen.

Ihre Erinnerungen werden lebendig:

In der ersten Klasse waren **TOM, MUSTAFA** und **ENNO** noch klein und ganz schüchtern. Sie freundeten sich jedoch schnell an.

SOPHIE und **MAJA** spielten auch gleich miteinander.

Für das Schulfest hatten **Tobias, Maja** und **OLGA** eine Akrobatiknummer eingeübt.

In der zweiten Klasse waren **alle** gemeinsam in der Bücherei. Jedes Kind fand schnell ein Buch, das es lesen wollte. Sie sahen sich die Bilder an und lasen sich gegenseitig die Titel vor.

Herr Tappert stellte jeden Tag Rechenaufgaben, die sie abwechselnd beantworteten.

Bei der Weihnachtsfeier sagten **CHRIS** und **Ida** ein Gedicht auf.

Tom, **Sophie**, **Maja** und **LARA** sangen ein Lied.

In der dritten Klasse gingen sie im Winter gemeinsam zum Eislaufen. Einige fielen öfters hin und andere drehten bereits Pirouetten auf dem glatten Eis.

Am Sporttag im Sommer konnten sie rennen, weitspringen und Bälle werfen.

Tobias und **Olga** spielten gegen **Herrn Kopp** und **Frau Fernandez** Fußball.

Enno und **Sophie** tanzten nach der Siegerehrung zu poppiger Musik.

Zur Klassenfahrt in diesem Jahr brachten die Kinder viel Gepäck mit und mussten schwer tragen.

Im Bus saßen alle auf ihren Plätzen. Es gab scharfe Linkskurven und Rechtskurven.

Manchmal holperte es sehr stark.

Der Aufstieg zur Burg war für **Lara, Chris, Ida** und **Mustafa** besonders mühsam, sie kamen nur langsam voran.

Abends machten **alle** noch eine Nachtwanderung durch den dunklen Wald. **Enno, Olga** und **Chris** fürchteten sich besonders.

Wieder zurück in der Schule musste **die ganze Klasse** einen ausführlichen Aufsatz schreiben.

Jetzt sind alle Kinder in der Schule angekommen und der Abschied von der Grundschule naht. **Herr Tappert** nimmt eine Mappe in die Hand. Alle schauen gespannt nach vorne.

Frau Fernandez und **Herr Tappert** verteilen die Zeugnisse und sagen zu jedem Kind ein paar freundliche Worte.

Die **REINIGUNGSKRÄFTE** kommen ins Klassenzimmer und greifen sich die Besen. Sie kehren die Kinder mit vielen guten Wünschen aus dem Schulhaus hinaus in die Ferien.

Alle Kinder verabschieden sich winkend von ihrer Grundschule.

Textsorte

Themen

Quellenverzeichnis

S. 6: Holtei, Christa: Von 1 bis 10. Aus: Christa Holtei und Carola Holland (Hg.): ABC-Suppe und Wortsalat. Geschichten, Spiele und Gedichte rund um die Sprache. Patmos: Düsseldorf 2006. **Jeschke, Mathias:** Kätroppchen und der wöse Bolf. Aus: Deutsche Akademie für Sprache und Dichtung, Stiftung Internationale Jugendbibliothek, Stiftung Lyrik Kabinett (Hg.): Ein Nilpferd steckt im Leuchtturm fest. Mixtvision: München 2018. **Sparschuh, Jens**: LPHBTSCHS. Aus: Dorothea von Törne (Hg.): komm lies geh sprich. Gedichte im Dialog. Berlin Union Verlag: Berlin 1989, © beim Autor. **S. 7: Anger-Schmidt, Gerda:** Ob wir ... Aus: Gerda Anger-Schmidt, Renate Habinger: Muss man Miezen siezen?, Residenz Verlag: St. Pölten, Salzburg 2006. **Jatzek, Gerald:** Gurgl Murgl Rogl. Aus: Gerald Jatzek und Maria Blazejovsky: Der Lixelhix: Buchstabenabenteuer in Geschichten, Gedichten und Spielen. Jugend und Volk: Wien, München 1986 © Esslinger, Verlag J. F. Schreiber GmbH, Esslingen. **Karimé, Andrea:** Matschkakatze. Aus: Planetenspatzen. Picus Verlag: Wien 2022. **S. 8: Christa Holtei:** Redensarten. Aus: Christa Holtei und Carola Holland (Hg.): ABC-Suppe und Wortsalat. Geschichten, Spiele und Gedichte rund um die Sprache. Patmos: Düsseldorf 2006. **Raubaum, Lena:** Sprich Wörter mal anders. Aus: Lena Raubaum und Katja Seifert: Mit Worten will ich dich umarmen. Gedichte und Gedanken. Tyrolia-Verlag: Innsbruck, Wien 2021. **S. 9: Janisch, Heinz:** Trifft man auf dem Schulweg ... (Originaltitel: Schul-Regeln, ◈ gekürzt und verändert) © Heinz Janisch. **S. 10: Wittkamp, Frantz:** o. T. (Baum sein). Aus: alphabetbuch. Alphabeet Verlag: Lüdinghausen 2018, © Frantz Wittkamp, 5. Mai. **Wegmann Ute:** Waldspaziergang. Aus: Manchmal bist du überall. Geschichten & Gedichte. dtv: München 2022. **S. 11: Ende, Michael:** Die Ballade vom Seiltänzer Felix Fliegenbeil. Aus: Trödelmarkt der Träume. © 2007 Piper Verlag GmbH, München. © Nachlass Michael Ende, München, vertreten durch: AVA international GmbH, Autoren- und Verlagsagentur, www.ava-international.de. **S. 14: Samson, Horst:** Der Herbst kommt über uns. Aus: Uwe-Michael Gutzschhahn (Hg.): Sieben Ziegen fliegen durch die Nacht. dtv: München 2018. **Kaléko, Mascha:** Schirmgespenster. Aus: Rosenkranz, Jutta et. al. (Hg.): Mascha Kaléko. Sämtliche Werke und Briefe. dtv: München 2012. **S. 15: Yin, Lin:** Das braust und pfeift. Aus: Lin Yin / Zhang Xiaoqi: Hu hu chui. Aus: Hei ye li de xiao jing ling © 2017, Taiwan dongfang chubanshe (The Eastern Publishing Co.), Ltd., Taibei. In: Internationale Jugendbibliothek, München (Hg.): Der Kinderkalender 2022, 24.–30. Oktober. Deutsch: Wolf Baus und Ruth Keen. © 2021 by edition momente: Zürich – Hamburg. **Foster, John:** Wind. Übersetzung: Annika Reich. Aus: Nesbitt Kenn: Jetzt noch ein Gedicht, und dann aus das Licht!, Carl Hanser Verlag: München 2019. Foster, John: Wind. (◈ verändert) copyright © by John Foster. Aus: Kenn Nesbit: One Minute till Bedtime. 60-secound Poems to send you off to sleep. Little, Brown and Company: New York, Boston. **S. 16: Schneider, Antonie:** Advent ist. Aus: Antonie Schneider, Silke Leffler: Das große Weihnachtswunderbuch, dtv Verlagsgesellschaft: München 2021. **Wittkamp, Frantz:** o. T. (Einnachten) Aus: alphabetbuch. Alphabeet Verlag: Lüdinghausen © 2018 Frantz Wittkamp, 25. Dezember. **Guggenmos, Josef:** Neujahrsnacht. Aus: Was denkt die Maus am Donnerstag? © Beltz & Gelberg in der Verlagsgruppe Beltz: Weinheim und Basel 1998. **S. 17: Pappa, Rodoula:** o. T. (Der erste Schnee). Aus: Rodoula Pappa / Seng Soun Ratanavanh: stē mytē tou koutaviou mia akridoula. Athen: Nefeli Publishing 2017 © 2017 Rodoula Pappa, Seng Soun Ratanavanh. In: Internationale Jugendbibliothek, München (Hg.): Der Kinderkalender 2021, 23.–29. November. Deutsch: Birgit Hildebrand. © 2020 by edition momente: Zürich – Hamburg. **O'Callaghan, Julie:** White Sound. From: Tell Me This Is Normal: New & Selected Poems. Bloodaxe Books 2008, © Julie O'Callaghan, reproduced with permission of Bloodaxe Books. In: Fiona Waters, Frann Preston-Gannon: I Am The Seed That Grew The Tree. A nature poem for every day of the year. Nosy Crow: London 2018. **Mohl, Nils:** kalte jahreszeit cool finden. Aus: Nils Mohl, Katharina Grefe: könig der kinder Gedichte. Mixtvision: München 2020. **S. 18: Wegmann, Ute:** hasengrau. Aus: Manchmal bist du überall. Geschichten & Gedichte. dtv: München 2022. **Richter, Jutta:** Wenn die Hasen. © Jutta Richter. Aus: Elspas, Alexander (Hg.): Das große Büchergilde Gedichtbuch. Büchergilde: Frankfurt a. M., 2021. **S. 19: Jatzek, Gerald:** Frühling im Park. Aus: Rabauken-Reime, Nilpferd in Residenz, Residenz Verlag: St. Pölten – Salzburg 2011. **S. 20: Augustin, Michael:** Sommertag. © Michael Augustin. Aus: Uwe-Michael Gutzschhahn (Hg.): Sieben Ziegen fliegen durch die Nacht. dtv: München 2018. **Wegmann, Ute:** Softeis. Aus: Manchmal bist du überall. Geschichten & Gedichte. dtv: München 2022. **S. 21: Köhle, Markus:** Freibad olé! Aus: Ganz schön frech! 52 Gedichte für die ganze Familie. Luftschacht Verlag: Wien 2019. **S. 24: Vereecken, Kathleen:** Ich bin Jan und stinknormal (◈ gekürzt und verändert). Aus dem Niederländischen von Meike Blatnik. © 2016 Gerstenberg Verlag: Hildesheim. **S. 26: Höfler, Stefanie:** Helsins Spinner (◈ gekürzt und verändert). Aus: Helsin Apelsin und der Spinner. © 2020 Beltz & Gelberg in der Verlagsgruppe Beltz: Weinheim und Basel. **S. 28: Muser, Martin:** Von Deulen und Potschen (◈ gekürzt und verändert). Aus: Kannawoniwasein. Manchmal fliegt einem alles um die Ohren. © 2019 Carlsen: Hamburg. **S. 30: Doyle, Roddy:** Wildnis (◈ gekürzt und verändert). Übersetzt aus dem Englischen von Andreas Steinhöfel. © 2010 cbj in der Verlagsgruppe Random House: München. **S. 32: Lewis, Gill:** Gar kein Ödland (◈ gekürzt und verändert). Aus: Wolfsfreunde. Aus dem Englischen von Siggi Seuß. © 2020 dtv: München. **S. 34: Morosinotto, Davide:** Die Mississippi-Bande (◈ gekürzt und verändert). Aus: Die Mississippi-Bande: Wie wir mit drei Dollar reich wurden. Übersetzt aus dem Italienischen von Cornelia Panzacchi. © 2017 Thienemann: Stuttgart. **S. 37: Kleinschmidt, Judith:** Der Umzug (◈ gekürzt und verändert). Aus: Sofabanditen oder Die verrückte Befreiung der Hühner. Mit Bildern von Barbara Jung. © 2021 Beltz & Gelberg in der Verlagsgruppe Beltz: Weinheim und Basel. **S.40: Schellhammer, Silke:** Besondere Talente (Originalüberschrift: School of Talents; ◈ gekürzt und verändert). Aus: School of Talents. Erste Stunde: Tierisch laut! Mit Bildern von Simona M. Ceccarelli. Hamburg © 2021 Carlsen Verlag. **S. 43: Frixe, Katja:** Der Tag, an dem ein Pinguin bei uns einzog (◈ gekürzt und verändert). Aus: Jolle und ich. Der Tag, an dem ein Pinguin bei uns einzog. © 2022 Arena Verlag: Würzburg. **S. 46: Eymard, Toledo: Bené:** (◈ gekürzt und verändert). Aus: Bené, schneller als das schnellste Huhn. Baobab: Basel, Switzlerland 2013. **S. 47: Lambeck, Silke:** Das Blaue Wunder (◈ gekürzt und verändert). Aus: Mein Freund Otto, das Blaue Wunder und ich. © 2022 Gerstenberg: Hildesheim. **S. 50: Cavallo, Francesca und Elena Favilli:** Malala Yousafzai (◈ gekürzt und verändert). Aus: Good Night Stories for Rebel Girls: 100 außergewöhnliche Frauen, Übersetzung aus dem Englischen von Birgitt Kollmann. Carl Hanser: München. **S. 54: Madeja, Prof. Dr. Michael:** So gut ist dein Gedächtnis (◈ gekürzt und verändert). Aus: Warum graue Zellen auch mal rosa sind. Tessloff Verlag: Nürnberg 2020. **S. 56: Verg, Martin:** Mnemotechnik (◈ gekürzt und verändert). Aus: Schweigefuchs und Flitzepause – Tipps für deinen perfekten Schultag. Thienemann: Stuttgart 2020. **S. 58: Kinder, Wynne:** Ruhig atmen bei Stress. Aus: Achtsamkeit. Fantasievolle Übungen, die Kindern Ruhe schenken. Übersetzung Wiebke Krabbe. Dorling Kindersley Verlag GmbH: München 2019. **S. 59: Kinder, Wynne:** Berg- und-

Quellenverzeichnis

Tal-Atmung. Aus: Achtsamkeit (◈ gekürzt und verändert). Fantasievolle Übungen, die Kindern Ruhe schenken. Übersetzung Wiebke Krabbe. Dorling Kindersley Verlag GmbH: München 2019. **S. 61: Verg, Martin:** Haftkraft (Originaltitel: Kopfüber ins Vergnügen; ◈ gekürzt und verändert). In: Abgeschaut & Nachgebaut. Experimente zu den genialsten Erfindungen der Natur. Moses Verlag: Kempen 2022. **S. 62: Swanson, Jennifer:** Tierisch guter Sonnenschutz (Originaltitel: Sonnencreme aus den Poren; ◈ gekürzt und verändert), Übersetzung aus dem Englischen Dagmar Brenneisen. Aus: National Geographic Kids (Hg.): Bionik für Kids. Geckoleber und Raupenroboter. Geniale und fantastische Erfindungen nach dem Vorbild der Natur. Copyright © German edition 2020 National Geographic Partners, LLC: Washington 2020. **S. 65: Zander, Christiane:** Ich hör dich (Originaltitel: Auch Pflanzen haben Ohren – aber wozu?; ◈ gekürzt und verändert). Aus: https://www.abenteuer-regenwald.de/wissen/news/2019/pflanzen-haben-ohren Auch Pflanzen haben Ohren – aber wozu? Aus: www.abenteuer-regenwald.de, 24. Januar 2019; Zugriff 18.05.2022. **S. 66: Stewart-Sharpe, Leisa:** Ich sag dir, wie es mir geht (Originaltitel: Das Wood Wide Web; ◈ gekürzt und verändert), aus dem Englischen von Gabriele Würdinger. Aus: Leisa Stewart-Sharpe (Text) und Kim Smith (Illustrationen): Unser grüner Planet – Die Pflanzen. cbj Kinder- und Jugendbuchverlag in der Penguin Random House Verlagsgruppe GmbH: München 2022. **S. 70: Wiedemann, Peter:** Ein anderer Ort, ein anderes Klima (◈ verändert). Aus: Bundesministerium für Umwelt, Naturschutz, Bau und Reaktorsicherheit (Hg.): Klimawandel. Arbeitsheft für Schülerinnen und Schüler – Grundschule. Dezember 2017. **S. 72: Neumayer, Gabi:** Klimaproblem Erderwärmung (Originaltitel: Wird es in Deutschland bald so heiß wie in der Wüste?; ◈ verändert). Aus: Frag doch mal ... die Maus: Umwelt und Energie. © Carlsen Verlag: Hamburg 2019, © I. Schmitt-Menzel / WDR mediagroup GmbH. **S. 77: Eisenbeiß, Gregor:** Was machen Influencer? (◈ gekürzt und verändert). Aus: Checker Tobi – Der große Digital-Check – Smartphone, Internet, Social Media: Das check ich für euch! cbj Kinder- und Jugendbuchverlag in der Penguin Random House Verlagsgruppe GmbH, München 2021. **S. 80: Leger, Elke:** Siegfrieds Kampf mit dem Drachen (◈ gekürzt und verändert). Aus: Das große Buch der Sagen und Legenden für Kinder. Neu erzählt von Elke Leger. © 2020, 2021 by Anaconda Verlag, einem Unternehmen der Penguin Random House Verlagsgruppe GmbH München. **S. 82: Riordan, Rick:** Das beste Geschenk (Originaltitel: Poseidon wird salzig, ◈ gekürzt und verändert). Aus: Percy Jackson erzählt: Griechische Göttersagen. Aus dem Englischen von Gabriele Haefs. Carlsen: Hamburg 2016. **S. 84: Neuschaefer, Katharina:** Das Schwert im Stein (◈ gekürzt und verändert). Aus: Die schönsten Sagen aus aller Welt nacherzählt von Katharina Neuschaefer. Ellermann: Hamburg 2011. **S. 87: Mudrak, Edmund:** Das Siebengebirge (◈ gekürzt und verändert). Aus: Das große Buch der Sagen, Ensslin im Arena Verlag: Würzburg 2007. **S. 90: Gutmann, Hermann:** Die Bremer Gluckhenne (◈ verändert). Aus: Sagen und Geschichten aus Bremen. Ausgewählt und zum Teil nacherzählt von Hermann Gutmann © 2001 Edition Temmen e. K., 28209 Bremen, 3. Auflage 2020. **S. 98: Kaspers, Dieter:** Rechtschreibung (Originaltitel: Ihre neue Rechtschreibung; ◈ gekürzt und verändert). Aus: Minuten-Sketche für Geburtstage. Urania Verlag in der Verlag Kreuz GmbH: Stuttgart 2007. **Kiefer, Philip (Hg.):** Schulfrei (Original o. T., ◈ gekürzt und verändert). Aus: Da lachen selbst die Piraten! Die besten Kinderwitze. cbj in der Verlagsgruppe Random House: München 2008.

Originalbeiträge: S. 8: Sylvia Gredig: Glaubst du das? **S. 60:** Sylvia Gredig: Schnelle Schwimmer. **S. 63:** Sylvia Gredig: Berufe in der Bionik. **S. 64:** Sylvia Gredig: Ich fress dich. **S. 68:** Sylvia Gredig: Herr Sorge kümmert sich um den Wald. **S. 71:** Sylvia Gredig: Das Wetter bestimmt das Klima. **S. 74:** Sylvia Gredig: Coole Idee für heiße Tage. **S. 75:** Sylvia Gredig: Bunt und mit viel Gefühl. **S. 76:** Sylvia Gredig: Oh, das ist ja Werbung! **S. 88:** Andrea Sperr: Der Ulmer Spatz. **S. 94:** Andrea Sperr: Der erste Film: Im Dschungel. **S. 95:** Andrea Sperr: Filmprojekt: Die Schildbürger bauen ein Rathaus. **S. 96:** Andrea Sperr: Szenen improvisieren. **S. 99:** Andrea Sperr: Der letzte Schultag.

Bildquellenverzeichnis

S. 5 o. l.: © Simon Rainsborough; **M. r.:** © Thekla Ehling; **u. l.:** dpa Picture-Alliance/Fotoreport. **S. 23:** © Thilo Rückeis. **S. 27:** Höfler, Stefanie: Helsin Apelsin und der Spinner. Bilder von Anke Kuhl. © 2020 Beltz & Gelberg in der Verlagsgruppe Beltz: Weinheim und Basel. **36 u. r.:** Morosinotto, Davide: Die Mississippi-Bande: Wie wir mit drei Dollar reich wurden. © cbj Random House Audio, 23. Januar 2017. **S. 27:** Kleinschmidt, Judith: Sofabanditen oder Die verrückte Befreiung der Hühner. Bilder von Barbara Jung. © 2021 Beltz & Gelberg in der Verlagsgruppe Beltz: Weinheim und Basel. **S. 40, S. 41 o. r., S. 42:** Schellhammer, Silke: School of Talents. Erste Stunde: Tierisch laut! Bilder von Simona M. Ceccarelli. © 2021 Carlsen Verlag, Hamburg. **S. 43, S. 44 o. r., S. 45:** Frixe, Katja: Jolle und ich. Der Tag, an dem ein Pinguin bei uns einzog. Bilder von Stefanie Jeschke. © 2022 Arena Verlag: Würzburg. **S. 46:** Eymard, Toledo: Bené, schneller als das schnellste Huhn. Baobab: Basel, Switzerland 2013. **S. 49 u. r.:** Lambeck, Silke: Mein Freund Otto, das Blaue Wunder und ich. Bilder von Barbara Jung. © 2022 Gerstenberg: Hildesheim. **S. 51 M. r.:** mauritius images/alamy stock photo/Paul Pickard. **S. 52 u. l.:** Stewart-Sharpe, Leisa: Unser grüner Planet – Die Pflanzen. Bilder von Kim Smith. cbj Kinder- und Jugendbuchverlag in der Penguin Random House Verlagsgruppe GmbH: München 2022; **u. r.:** moses.Verlag GmbH, Kempen/Verg, Martin: Abgeschaut und Nachgebaut. Experimente zu den genialsten Erfindungen der Natur. © 2022/www.moses-verlag.de **S. 54:** Shutterstock.com/Efired. **S. 59 u.:** Kinder, Wynne: Achtsamkeit. Fantasievolle Übungen, die Kindern Ruhe schenken. Übersetzung Wiebke Krabbe. © 2019 Dorling Kindersley Verlag GmbH: München, Foto: Ruth Jenkinson – S. 21, Foto: mauritius images/alamy stock photo. **S. 61:** Shutterstock.com/Natalia van D. **S. 62:** Imago Stock&People GmbH/photocr; **S. 64 o.:** Shutterstock.com/Jojoo64; **M.:** Shutterstock.com/Kuttelvaserova Stuchelova; **u.:** Shutterstock.com/Ivana Stevanoski. **S. 68:** Shutterstock.com/Serrgey75. **S. 81 M. r.:** Leger, Elke: Das große Buch der Sagen und Legenden für Kinder. Neu erzählt von Elke Leger. Bilder von Anne Bernhardi. © 2020, 2021 by Anaconda Verlag, einem Unternehmen der Penguin Random House Verlagsgruppe GmbH München. **S. 83:** Riordan, Rick: Percy Jackson erzählt: Griechische Göttersagen. Gelesen von Marius Clarén. © Lübbe Audio, 14. Januar 2016. **S. 87:** seasons.agency/Börner, Jacob/Jalag. **S. 88:** Imago Stock & People GmbH/Arnulf Hettrich. **S. 89:** akg-images/arkivi. **S. 90 o. l.:** Shutterstock.com/Laiotz; **S. 91 M. r.:** stock.adobe.com/radiokafka. **S. 93:** Cornelsen/Brigitte Umkehr, Kürnach.

Deutsch mit Olli

4

Lesetagebuch

Name:

Klasse:

Cornelsen

Lesetest

Mache den Lesetest und finde heraus, welcher Lesetyp du bist. Entscheide dich für ja oder nein und fahre deinen Weg mit dem Stift nach.

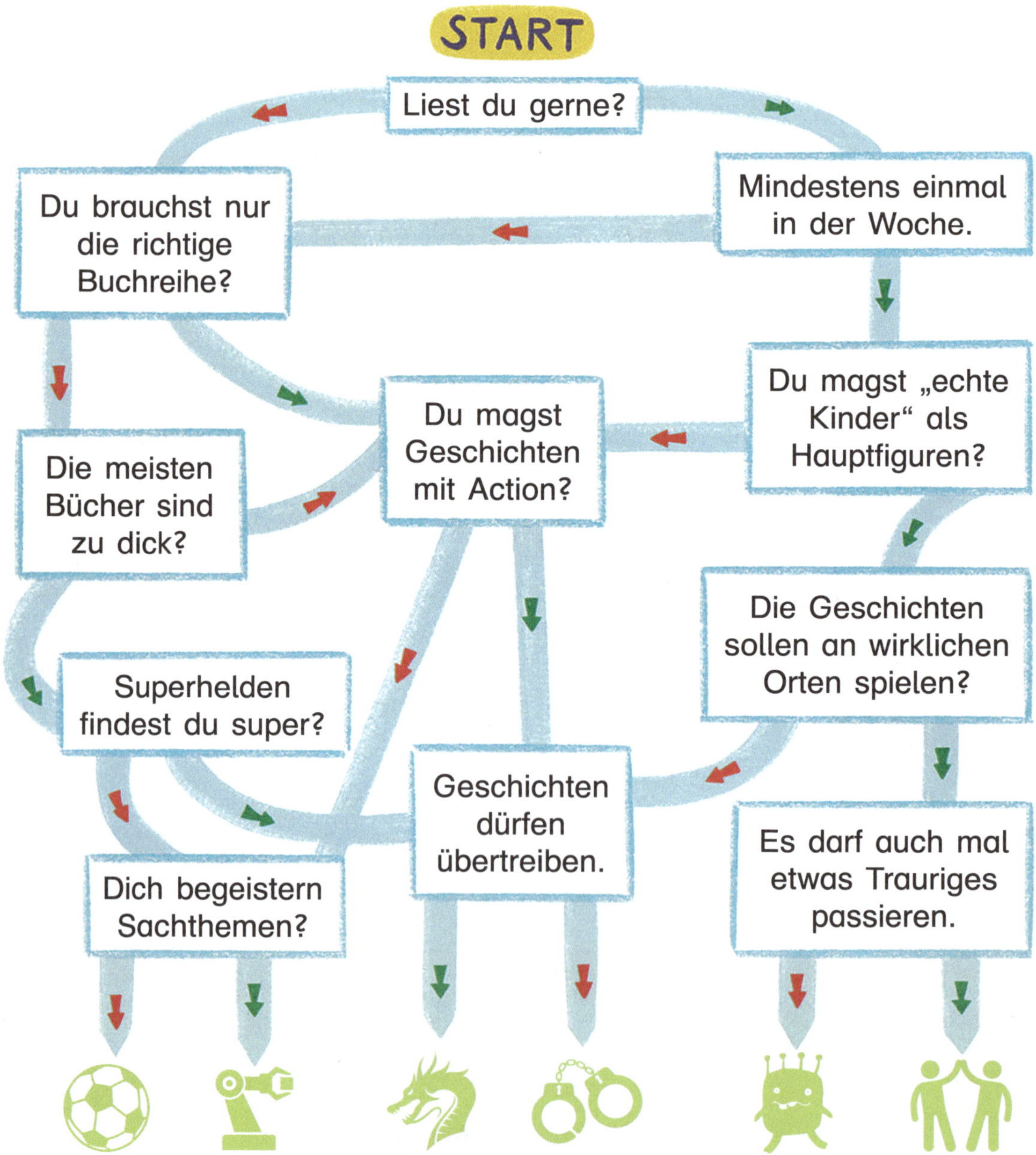

Lesetest: Auswertung

Es gibt viele verschiedene Lesetypen und Lesevorlieben.
Hier siehst du, welcher Lesetyp du bist.

Werde Sportprofi!

Du magst es informativ, sag das doch gleich.

Du bist ein Fan fantastischer Abenteuer.

Such mal bei den Krimis!

Comic-Romane sind dein Lesefutter.

Du magst realistische Geschichten, zum Beispiel über Freundschaft.

Wie ein Buch entsteht

Die Klasse 4 a hat zum Welttag des Buches einen Verlag besucht. Milo erzählt Ela aus der 4 b, was er erfahren hat.

1 Die **Autorin** denkt sich eine Geschichte aus und schreibt sie auf.

2 Im **Verlag** liest die **Lektorin** die Geschichte. Zusammen mit der Autorin bespricht sie, was an der Geschichte noch verbessert werden kann, und korrigiert Fehler.

3 Wenn die Geschichte fertig ist, malt der **Illustrator** die Bilder dazu.

Bevor du ein Buch lesen kannst, haben schon viele Menschen daran gearbeitet.

4 Das Manuskript mit dem Text und den Bildern wird an die **Druckerei** geschickt. Dort werden die Seiten von riesigen Druckmaschinen vervielfältigt und zu Büchern gebunden.

5 Die fertigen Bücher kommen in ein **Lager**. Wenn eine Buchhandlung Bücher bestellt, werden sie vom Lager an die **Buchläden** verschickt.

Stell dir vor, du schreibst ein Buch. Welchen Titel hat es?

____

Lesekonferenz: gemeinsam lesen und verstehen

Drei oder vier Kinder erarbeiten gemeinsam einen Text. Jedes Kind startet erst allein. Dann findet sich die Gruppe zusammen, die denselben Text gelesen hat. Gemeinsam sprechen sie über das Gelesene.

Sami, Naomi und Mila lesen leise für sich den Text. Dann setzen sie sich zusammen.

Abwechselnd lesen die drei den ganzen Text halblaut vor.

Alle drei überlegen sich eine Frage zum Text. Mila stellt als Erste ihre Frage. Sami und Naomi beantworten sie. So geht es reihum.

Nun fassen alle den Text zusammen. Wer etwas nicht verstanden hat, fragt die anderen.

In einer Abschlusskonferenz mit allen Kindern stellt ein Mitglied der Gruppe den Text in wenigen Sätzen vor.

Lesekonferenz: Leseeindrücke austauschen

Naomi, Mila und Sami sammeln Adjektive in einer Wörterwolke.
Die Kinder nutzen die Adjektive, um ihre Leseeindrücke zu beschreiben.

Naomi beginnt.
Sie sagt, wie ihr der Text gefallen hat.

Sami erläutert den Mädchen,
was neu für ihn war.

Mila berichtet,
was sie ungewöhnlich fand.

Naomi wählt ihren Lieblingssatz aus und liest ihn den anderen vor.

Das wollen Sami und Mila auch!

Für ein Buch werben: 3 x 3

Mache vor deiner Klasse Werbung für ein Buch.
Schreibe auf: 3 Begriffe, die wichtig sind, 3 Hauptpersonen,
3 Sätze, die Lust aufs Lesen machen.

1. Begriff ______________________
2. Begriff ______________________
3. Begriff ______________________
1. Person ______________________
2. Person ______________________
3. Person ______________________
1. Satz ______________________
____
2. Satz ______________________
____
3. Satz ______________________
____

Beginne mit den 3 Begriffen.
Stelle dann die 3 wichtigen Personen vor.
Lies danach die 3 Sätze vor.
Zum Schluss nennst du 3 gute Gründe,
dieses Buch unbedingt zu lesen,
und zeigst es.

Für ein Buch werben: Speed-Dating

Alle bringen ein Buch mit. Eine Hälfte setzt sich in einen Kreis und schaut nach außen. Die andere Hälfte setzt sich einem Kind gegenüber. Jeder hat eine Minute Zeit, für sein Buch zu werben. Für die nächste Runde rücken alle einen Platz weiter.

In Runde 1 tauschen Naomi und Milo sich aus und Emil und Mila geben sich Tipps.

In Runde 2 sprechen Naomi und Mila über ihre Geschichten und Sami und Milo empfehlen sich ihre Bücher.

Nun bist du an der Reihe!

Emil und Milo geben Stichwörter vor. Erkennst du die Geschichte?
Schreibe den Titel und die Seiten aus dem Lesebuch auf.
Schau dir das Inhaltsverzeichnis genau an.
Zu welchem Buch gehört es?

Titel: ____________________ Titel: ____________________

Seiten im Lesebuch: __________ Seite im Lesebuch: __________

Kreuze das richtige Cover an.

INHALT

Gecko:
Kopfüber ins Vergnügen ______ S. 4

Fisch:
Reich mir die Flosse ______ S. 6

Lotuspflanze:
Nie wieder Fenster putzen ___ S. 8

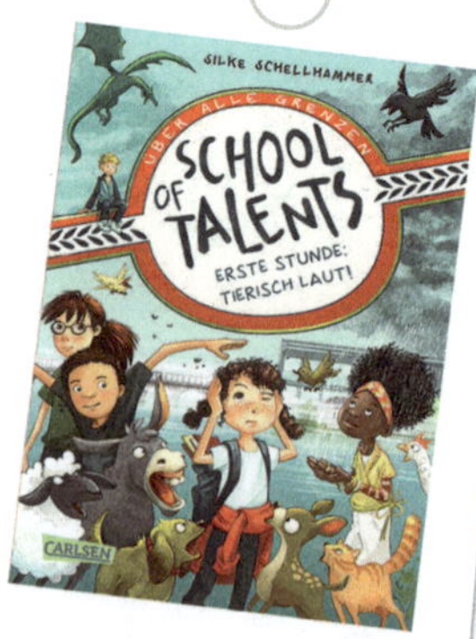

Nun bist du an der Reihe!

Interviewe ein anderes Kind. Stelle Fragen rund ums Lesen. Wenn du die Vorlieben kennst, suche ein passendes Buch für das Kind aus und überreiche es mit der Bitte, es zu lesen.

Ein Buch für ______________________

Wofür interessierst du dich?

____

____

Welches ist dein Lieblingsbuch?

____

____

Was liest du gerne?

○ Romane ○ Comics ○ Sachbücher ○ ______________

Wie sollte die Geschichte oder das Thema sein?

Dieses Buch habe ich ausgesucht:

____

Geschrieben von: ______________________

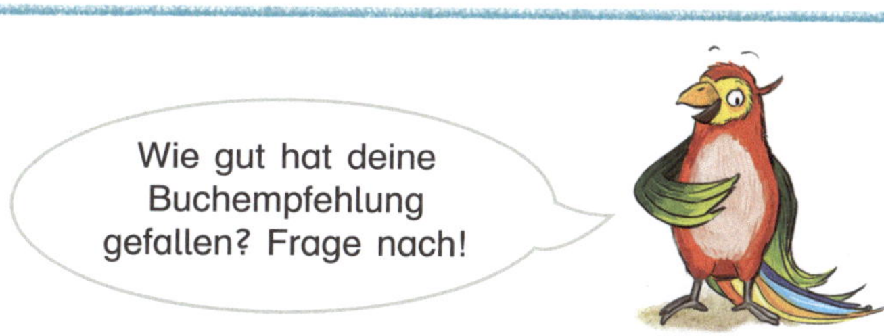

Quellen

S. 2 u. 3: Shutterstock.com/Miceking (Fußball);
Shutterstock.com/VoodooDot (Greifarm);
Shutterstock.com/kareemov (Drachen);
Shutterstock.com/ArnaPhoto (Handschellen);
Shutterstock.com/ARTvektor (Monster);
Shutterstock.com/Leremy (Figuren)
S. 10: Schellhammer, Silke: School of Talents. Erste Stunde: Tierisch laut! Mit Bildern von Simona M. Ceccarelli. © 2021 Carlsen Verlag: Hamburg.
moses.Verlag GmbH, Kempen/Verg, Martin: Abgeschaut und Nachgebaut. Experimente zu den genialsten Erfindungen der Natur. © 2022/www.moses-verlag.de.
S. 11: Shutterstock.com/stas11

Deutsch mit Olli 4

Lesetagebuch

Erarbeitet von: Simone Eutebach

Redaktion: Dr. Birgit Waberski

Illustrationen: Adja Schwietring, Petra Eimer (Papageien Cover, S. 7, 8, 11)

Umschlaggestaltung: Corinna Babylon und Jule Kienecker, Berlin

Layoutkonzept: Cornelia Gründer, Corngreen GmbH, Leipzig

Technische Umsetzung: Reemers Publishing Services GmbH, Krefeld

Dieses Heft ist Bestandteil des Lesebuches Deutsch mit Olli 4 (ISBN 978-3-464-80265-6)
und nicht einzeln bestellbar.
Es kann im 10er-Pack nachbestellt werden (ISBN 978-3-464-82854-0).